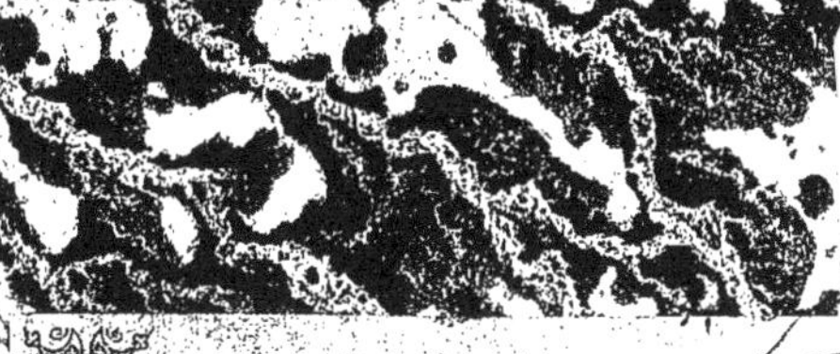

MÉMOIRE

SUR

L'ERGOT DE SEIGLE,

SON ACTION THÉRAPEUTIQUE

ET SON EMPLOI MÉDICAL;

PAR

PIERRE-SCIPION PAYAN,

Docteur en médecine, chirurgien en chef de l'Hôtel-Dieu d'Aix, ex-chirurgien chef-interne du même hôpital, médecin-adjoint de l'hospice de la Charité et ex-médecin accoucheur de l'hospice entrepôt des nourrices et enfants trouvés de la même ville, ex-professeur particulier d'anatomie, ancien chef de clinique médicale à l'hôpital de St-Éloy de Montpellier, ancien interne des hôpitaux d'Avignon et de Marseille, ex-membre fondateur de la société anatomique de Montpellier, membre correspondant de la société de médecine pratique de la même ville, de la société académique de médecine de Marseille, de la société médicale de Tours, de la société royale de médecine de Bordeaux, de la société royale de médecine et chirurgie de Toulouse, etc.

Utilitati.

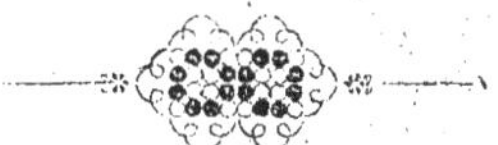

A AIX,
DE L'IMPRIMERIE DE NICOT ET AUBIN,
21, RUE DU PONT-MOREAU.

1841.

MÉMOIRE

SUR

L'ERGOT DE SEIGLE,

SON ACTION THÉRAPEUTIQUE

ET SON EMPLOI MÉDICAL ;

PAR

PIERRE-SCIPION PAYAN,

Docteur en médecine, chirurgien en chef de l'Hôtel-Dieu d'Aix, ex-chirurgien chef-interne du même hôpital, médecin-adjoint de l'hospice de la Charité et ex-médecin accoucheur de l'hospice entrepôt des nourrices et enfants trouvés de la même ville, ex-professeur particulier d'anatomie, ancien chef de clinique médicale à l'hôpital de St-Éloy de Montpellier, ancien interne des hôpitaux d'Avignon et de Marseille, ex-membre fondateur de la société anatomique de Montpellier, membre correspondant de la société de médecine pratique de la même ville, de la société académique de médecine de Marseille, de la société médicale de Tours, de la société royale de médecine de Bordeaux, de la société royale de médecine et chirurgie de Toulouse, etc.

Utilitati.

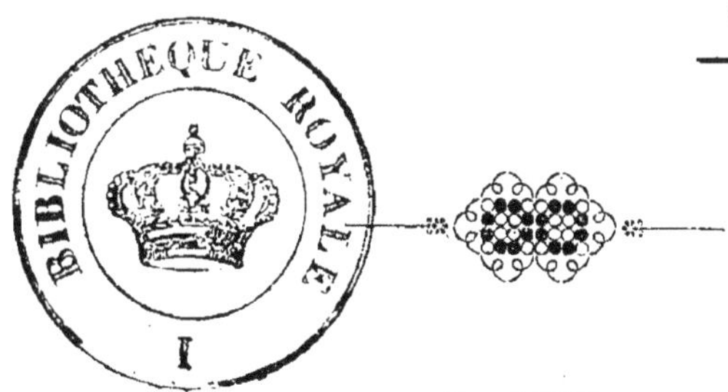

A AIX,

DE L'IMPRIMERIE DE NICOT ET AUBIN,

21, RUE DU PONT-MOREAU.

1841.

AVANT-PROPOS.

Le Mémoire, qui fait l'objet de cette brochure, n'est que la continuation d'une série de travaux pratiques que, dans ces deux dernières années, nous avons successivement publiés. Désireux, en effet, de rendre le public médical confident de ce que cette grande facilité d'observations et de recherches, que nous procurait l'exercice de nos fonctions á l'Hôtel-Dieu d'Aix, avait dù nous faire remarquer d'important, nous avons plusieurs fois dérobé des moments à nos loisirs, pour confier à la presse médicale divers Mémoires et Observations qu'elle a favorablement accueillis, et dont, au reste, voici l'énumération par ordre de leur publication :

1° Essai sur la commotion du cerveau ;
2° Mémoire sur la cheiloplastie ou restauration des lèvres, avec deux observations sur ce genre d'opération ;
3° Du traitement de la gangrène sénile par l'opium ;
4° Observations d'opérations de lithotritie et de taille ;
5° De l'hydrochlorate de baryte contre les tumeurs blanches scrofuleuses ;
6° Du seigle ergoté dans les paraplégies ;
7° Du traitement arabique contre la syphilis ;
8° De l'hydrochlorate de baryte contre l'ophtalmie scrofuleuse photophobique ;
9° De l'emploi local des chlorures contre les suppurations fétides ;
10° Considérations pratiques sur le traitement des rétrécissements de l'urèthre ;

11° Cancer oculaire revenu après une première extirpation, et complètement guéri après une deuxième ;

12° Un mot sur le traitement du diabétès ;

12° Fièvres intermittentes symptomatiques des rétrécissements uréthraux : leur traitement ;

14° De l'ongle incarné et de son vrai traitement ;

15° Quelques mots sur un accouchement laborieux avec présentation de l'épaule ; procédé particulier d'embryotomie ;

16° Un mot sur le traitement de l'ophtalmie scrofuleuse ;

17° Ongle incarné, méthode curative, simple et facile ;

18° Mémoire sur l'hydrochlorate de baryte et son action thérapeutique contre les affections scrofuleuses ;

19° Du traitement local du bubon inguinal suppuré ;

20° Quelques mots sur le traitement de la blennorrhagie uréthrale ;

21° Considérations cliniques sur le *lupus* ou dartre rongeante et son véritable traitement.

Nous venons aujourd'hui augmenter cette nomenclature d'un nouveau Mémoire qui a pour objet l'étude thérapeutique de l'ergot de seigle, et qui renferme les recherches auxquelles nous nous sommes livré au sujet de cette substance. Les lecteurs, qui voudront en prendre connaissance, y verront que nous généralisons de beaucoup son action, que nous la considérons sous un point de vue nouveau qui permet d'en étendre les applications, et qui nous fait compter déjà de beaux succès de guérison. Si nous ne nous fesons illusion, nous aurons fait une œuvre utile qui, ouvrant une voie plus large à l'emploi de cette substance, engagera à y recourir plus souvent encore qu'on n'a fait jusqu'à ce jour.

MÉMOIRE

SUR

L'ERGOT DE SEIGLE,

SON ACTION THÉRAPEUTIQUE

ET SON EMPLOI MÉDICAL.

LA thérapeutique, obéissant à l'impulsion vigoureuse imprimée, dans ce siècle de progrès, aux diverses branches de l'art de guérir, a non-seulement porté une investigation éclairée dans le dédale de la matière médicale, mais elle s'est, en outre, enrichie de plusieurs médicaments nouveaux qui nous viennent heureusement en aide pour lutter contre les nombreuses maladies de l'espèce humaine. Un des plus utiles, sans contredit, parmi ces derniers (1), c'est celui dont

(1) Quoique nous indiquions ici l'ergot de seigle comme un médicament découvert dans ce siècle, nous n'ignorons pas que, dans certaines contrées, dans le Vexin, par exemple, au rapport de Bordeu, on s'en servait bien avant dans l'art des accouchements. mais son emploi, alors limité à l'usage des matrones, n'est réellement entré, dans le domaine de la thérapeutique, que depuis la communication que le docteur Ollivier-Prescot fit à la Société médicale de Massachuseth, en 1814, de sa Dissertation sur cette substance.

nous allons nous occuper dans ce travail, l'ergot de seigle qui, après avoir été longtemps l'effroi des populations par les ravages qu'il avait occasionnés en certaines époques, est devenu, entre les mains des thérapeutistes, un agent précieux dont chaque jour les praticiens perçoivent de grands avantages. Recommandé d'abord dans le seul but de réveiller la contractilité utérine dans la parturition, ses applications n'ont pas tardé à recevoir une plus grande extension. Elles sont devenues même, par leur nombre, assez incohérentes pour jeter de la confusion dans son emploi médical; et, dès ce moment, il était devenu nécessaire de donner, à son mode d'agir sur l'économie, une interprétation autre et plus générale, qui englobât les cas convenables à son administration et en éliminât les autres. C'est cette tâche que nous avons commencé d'entreprendre dans un travail publié par nous, il y a deux ans, dans la *Revue médicale*, et que nous allons poursuivre dans celui-ci, en profitant des recherches et expérimentations que nous avons pu faire depuis relativement à cette substance. Nous établirons d'abord quelques considérations succinctes sur les caractères physiques, chimiques et génésiques de l'ergot de seigle; nous entamerons ensuite l'étude de son action thérapeutique que la raison des choses et la puissance des faits nous porteront à envisager sous un jour tout à fait nouveau : profitant alors de la connaissance que nous aurons acquise de son vrai mode d'agir sur l'économie, il nous sera facile de déterminer les applications pratiques qui pourront en être faites. Nous clôturerons enfin ce travail par l'examen succinct des diverses objections qui ont été faites pour éloigner de l'usage de l'ergot. En parcourant ce cadre, nous parviendrons peut-être, nous en avons l'espoir, à élucider ce que présentait encore de vague et d'incertain l'emploi thérapeutique de cette substance.

§ 1er. — *Caractères physiques, chimiques et génésiques de l'ergot de seigle* (1).

On a donné le nom d'ergot de seigle ou de seigle ergoté à une excroissance fungiforme qui se développe en certaines circonstances entre les valves de la glume de seigle. Cette dénomination lui vient de l'analogie qu'elle offre avec l'ergot du coq, par sa forme et son mode d'implantation sur les épis de cette graminée. On l'a encore décrit sous les noms de blé cornu, blé avorté, blé farouche, blé hâve, seigle cornu, chambucle, seigle ergotisé, seigle noir, etc. Plusieurs de ces dénominations indiquent même les idées qui, en d'autres temps, ont régné sur la nature de cette production.

L'ergot de seigle est allongé, un peu recourbé en arc, cylindrique, renflé à sa partie moyenne, pourvu de plusieurs sillons irréguliers dans toute sa longueur, présentant quelquefois des gerçures attribuées à sa dessication, ou de petites criblures qu'on dirait produites par des piqûres d'insectes : il a une longueur

(1) Quoique l'expression de seigle ergoté soit la plus généralement employée, nous donnerons cependant la préférence, dans le cours de ce travail, à celle d'ergot de seigle qui est plus propre à désigner le végétal parasite, qui n'a de commun avec le seigle que son développement sur ses épis.

variable, atteignant quelquefois deux centimètres et demi et même plus encore. Sa grosseur est généralement en rapport avec sa dimension en longueur.

Les grains ergotés ont une cassure nette, transversale, et produisant un petit bruit semblable à celui d'une amande desséchée. Si on examine alors leur texture, on aperçoit à l'extérieur une substance corticale, très-mince, qui donne sa couleur à l'ergot, et qui est intimement unie à l'autre, dont la couleur varie du blanc terne au violet clair, et qui en constitue le parenchyme.

Lorsqu'il est desséché, l'ergot de seigle est privé de toute odeur. Il en possède, au contraire, une désagréable, nauséabonde, lorsqu'il est frais. Sa saveur est quelquefois légèrement âcre, un peu semblable à celle du blé pourri. Plus souvent elle est peu sensible, presque nulle. Réduit en poudre, il attire souvent l'humidité de l'air et s'altère, d'où l'indication de ne le pulvériser que peu avant le moment de s'en servir.

Sans avoir l'intention de m'étendre beaucoup plns sur ses qualités physiques, j'ajouterai cependant que, pour qu'il soit doué des propriétés qu'on en attend en thérapeutique, on veut généralement qu'il offre les qualités suivantes, savoir : qu'il ne soit pas trop ancien ; qu'il ait été conservé dans des vases bien fermés et bien secs ; qu'il forme une cassure nette et bruyante; qu'il présente à sa cassure une couleur d'un blanc terne, légèrement violacé ; que sa saveur soit presque nulle quand on le mâche, c'est-à-dire, qu'il ait le moins possible le goût de moisi, qui tient ordinairement à une altération déjà éprouvée ; que la poudre qui devra être employée soit la plus récente possible, afin qu'elle n'ait pas eu le temps de s'altérer par l'humidité de l'air. Il convient enfin, si on veut employer cette substance depuis quelque temps pulvérisée, de s'assurer que la poudre en a été tenue renfermée dans un bocal bien bouché et mis à l'abri de la lumière.

La chimie n'a pas manqué de s'occuper de son analyse. Vauquelin l'avait trouvée formée d'une matière colorante d'un jaune fauve; d'une matière huileuse blanche; d'une matière colorante violette, insoluble dans l'alcool; d'un acide libre qui est en partie phosphorique; d'une matière végéto-animale très-abondante et très-disposée à la putréfaction, fournissant beaucoup d'huile épaisse et d'ammoniaque libre, qu'on peut obtenir à la température de l'eau bouillante.

Le chimiste Wiggers, qui a analysé plus tard cette substance, l'a trouvée composée, sur cent parties, de: huile grasse, 35,0006; matière grasse, particulière, blanche et très-molle, 1,0456; cérine, 0,7578; matière fongueuse, 46,1862; *ergotine*, 1,2466; osmazôme végétale, 7,7645; sucre de seigle ergoté, 1,5530; matière gommeuse extractive, combinée avec un principe colorant, azoté, rouge, 2,3250; albumine végétale, 1,4600; phosphate acide de potasse, 4,4221; phosphate de chaux mêlé avec des traces de fer, 0,2922; silice, 0,1394. — M. Wiggers, donne le nom d'ergotine à une matière pulvérulente, rouge, brunâtre, douée d'une saveur amère, âcre et nauséabonde. L'ergotine est neutre, insoluble dans l'eau et dans l'éther, ainsi que dans l'acide sulfurique concentré qu'elle colore en brun.

On sait que plusieurs hypothèses ont été imaginées pour expliquer la génération et la production de l'ergot;

ainsi, Tessier croyait devoir l'attribuer à de mauvais sucs nourriciers ; Schmiéder, à une substance visqueuse ou mielleuse qui, pénétrant avec la rosée dans le grain, y développait une espèce de fermentation ; Tillet, à une altération produite par des chenilles ou larves de lépidoptères issues d'œufs qui avaient été déposés sur des grains de seigle ; Réad, à la piqûre du grain par les mêmes insectes, dès le premier moment de son développement, et d'où résultait une espèce d'effervescence par la liqueur qu'ils y déposaient. D'autres ont imputé son origine à de mauvais engrais, à une excessive humidité, à la gelée blanche, à l'altération ou à la faiblesse de l'écorce du grain, à un défaut de fécondation dont le résultat était une espèce de môle, etc. Enfin M. de Candole semblait avoir résolu la question de l'origine de cette singulière substance, en la regardant comme une espèce de champignon parasite auquel il donnait le nom de *sclerotium clavus*, lorsque M. Léveillé neveu est venu, à son tour, émettre une opinion qui est également accréditée, qui peut-être mérite de l'être le plus, et qui consiste à considérer l'ergot comme un ovaire non fécondé, mais qui n'en a pas moins végété ; et la cause qui, selon lui, s'est opposée à cette fécondation, c'est le développement d'un véritable champignon, le *sphacelia segetum*, qui, naissant dans l'intérieur des glumes, et peut-être dans le germe même, en commençant par n'être qu'une goutte blanchâtre et visqueuse, s'allonge ensuite, prend plus de consistance et, recouvrant l'ovaire, s'oppose à sa fécondation, en empêchant le pollen d'arriver jusqu'à lui. Cependant, par l'effet de sa force végétative, l'ovaire sort des bâles, en poussant devant lui le champignon qui le couronne, jusqu'au moment où celui-ci s'étant desséché, quand il a atteint tout son développement, se détache de l'ovaire qu'il surmontait et dont il embrassait ou coiffait le sommet. Toujours est-il, au reste, que les années pluvieuses favorisent l'abondance de l'ergot.

Telles sont, en peu de mots, les notions que la science possède touchant l'origine de cette singulière substance qui, malgré les malheurs qu'elle avait occasionnés dans certaines épidémies d'ergotisme, est devenue, entre les mains des médecins, un précieux médicament à jamais introduit dans le domaine de la matière médicale. Et quoique vingt-quatre ans à peine se soient écoulés depuis l'époque où la traduction de la dissertation du docteur Ollivier-Prescot a commencé à la populariser en France, on peut dire que son usage est devenu général, et que bien rares sont aujourd'hui les médecins qui voudraient nier encore ses heureux effets. Il est même digne de remarque que, si les premiers essais thérapeutiques sur l'ergot de seigle ont été généralement timides ; s'ils se sont ressentis de l'appréhension que devait nécessairement faire naître dans l'esprit des hommes de l'art, l'emploi d'une substance qui s'était montrée si meurtrière, notamment dans ces épidémies d'ergotisme qui, dans le siècle dernier, ont désolé des populations entières, et dont plusieurs auteurs nous ont décrit les funestes ravages, on a fini bientôt par l'employer avec hardiesse et par lui reconnaître des propriétés de plus en plus nombreuses. Ainsi, tandis qu'il était seulement destiné d'abord à réveiller les contractions utérines pendant la parturition, et, qu'en cette qualité il paraissait être l'apanage exclusif du médecin accoucheur, nous avons vu plus tard son usage prendre plus d'extension, au point qu'on en est graduellement venu à le recommander contre les hémorrhagies utérines, les rétentions du placenta, des caillots sanguins, des môles, des polypes, et même contre l'aménorrhée, les diarrhées muqueuses, les fièvres intermittentes, l'anasarque, les paralysies des membres inférieurs, les rétentions d'urine, l'hémoptysie, l'épistaxis, etc. C'est au point que, s'il fallait en croire les écrits publiés au sujet de cette substance, l'ergot de seigle serait une espèce de panacée contre un grand nombre des infirmités humaines. — Mais de ces emplois si divers, si hétérogènes en quelque sorte d'une même substance, il s'en est suivi une véritable confusion, une espèce de désordre thérapeutique réel qui a dû faire naître de la méfiance sur des propriétés si différentes. On s'est demandé naturellement comment il pouvait se faire que l'ergot fût un spécifique pour des maladies qui n'avaient aucune analogie entre elles. Cette question, je me la suis faite à moi-même en médecin désireux de connaître, autant que possible, la raison des choses, et, pour lui trouver une réponse rationnelle, puisqu'il s'agissait ici d'un remède précieux, j'ai analysé tous ces faits disparates qui se rapportaient à l'ergot de seigle, et qui étaient épars çà et là dans les recueils périodiques de la presse médicale. J'ai cherché à découvrir leur véritable signification. Non content de cela, j'ai expérimenté moi-même cet agent thérapeutique, quand l'occasion m'en a été offerte, et de la sorte j'ai pu parvenir à des données qui m'ont permis de déterminer l'organe central sur lequel se porte son action primitive. C'est ce dont, au reste, nous allons nous occuper ci-après :

§ II. — *De l'action thérapeutique de l'ergot de seigle.*

Quand on veut se donner quelque peine pour rechercher de quelle manière agit l'ergot de seigle sur l'économie, on ne tarde pas à reconnaître, qu'en le considérant comme simplement excitateur de la contractilité utérine, comme on a à peu près fait jusqu'à nos jours, on n'explique qu'une fraction de son action, et qu'il faut, par conséquent, admettre une autre interprétation. Car s'il est démontré, comme nous nous en assurerons par des faits concluants, que le seigle ergoté agit sur la vessie, le rectum et les membres inférieurs, lorsque ces parties sont dans certaines conditions asthéniques, de la même manière que sur divers états d'inertie de la matriee, il faut bien, ne pouvant plus raisonnablement lui attribuer des effets spécifiques sur ces parties du corps si différentes, faire remonter plus haut son action, et la rapporter à quelque organe qui ait la vertu de réagir sur ces mêmes parties à la fois. Or, l'organe que l'observation et l'expérience s'accordent à faire regarder comme primitivement activé par l'ergot de seigle administré à dose modérée ou thérapeutique, c'est la moelle épinière qui irradie ensuite cette action, par les nombreux nerfs qu'elle fournit, aux organes qui fonctionnent sous l'influence de son innervation. Bien des raisons, au reste, tendent à démontrer la réalité de cette explieation, qui doit faire ranger l'ergot de seigle parmi les excitateurs de la moelle épinière et des nerfs qui en partent. En effet,

1° Si l'on jette un coup-d'œil observateur sur les symptômes par lesquels ont été caractérisées la plupart des épidémies d'ergotisme, qui, en diverses époques, ont ravagé beaucoup de contrées, on ne peut s'empêcher de remarquer que si, en certaines circonstances, lorsque sans doute le pain vénéneux dont se nourrissaient les individus contenait une excessive quantité d'ergot, la profonde atteinte portée à l'économie et à son innervation se traduisait par la gangrène sèche des extrémités inférieures, il est arrivé plus souvent aussi que l'ergotisme se manifestait principalement par des symptômes nerveux remarquables, consistant surtout en mouvements convulsifs ou contractiles des membres. De là même est venue la dénomination d'ergotisme convulsif, de *convulsio cerealis*, donné par la plupart des médecins à l'ensemble de ces symptômes. On peut en juger par leur énumération, telle que nous la trouvons, par exemple, dans la pathologie interne de J. Franc, qui lui-même n'a fait qu'établir sa narration d'après les récits et les écrits des auteurs qui avaient traité de l'ergotisme, après en avoir combattu les ravages : « La maladie céréale, dit J. Franc, « dont je cite un passage traduit, commence d'habi« tude par de la douleur à l'épine dorsale, de la lassi« tude, par une sensation de fourmis qui ramperaient « sur la peau et un sentiment analogue à celui qu'on « éprouverait si les membres étaient séparés du tronc « et dilacérés. Viennent ensuite des douleurs atroces « qui se traduisent par des lamentations. Le malade « est tiré de son sommeil par la peur. Puis se mani« festent les soubresauts des tendons et les convul« sions elles-mêmes, dans lesquelles les membres sont « agités comme dans la danse de Saint-Guy, ou se « roidissent comme dans l'opisthotononos. Toutefois le

« pouls est naturel et la fièvre nulle, à moins qu'il « n'y ait chaleur intestinale, froid du dos, sentiment « d'ivresse avec une soif inextinguible et des sueurs, « indices de fièvre. Lorsque le malade travaille ou « lorsqu'il mange, il éprouve tout à coup de l'an- « goisse, de l'oppression, un sentiment de défaillance, « et quelquefois tombe à terre comme frappé d'apo- « plexie. Revenu à lui, il se plaint d'une douleur de « tête intolérable et de cardialgie..... Les accès re- « viennent sous la forme tierce, et quelquefois sans « ordre. Pendant la rémission, il reste, dans les mem- « bres, une grande langueur, de la stupeur, de la « résolution ou une contraction telle que les malades « ne peuvent marcher que sur les orteils, etc. » — En réfléchissant bien à la nature de ces symptômes, on ne peut, ce me semble, s'empêcher de reconnaître qu'ils indiquent surtout une forte excitation du système nerveux rachidien. Cette douleur dorsale qui marque ordinairement le début de l'ergotisme, ces soubresauts musculaires, ces contractures ou convulsions des membres ne peuvent s'expliquer autrement. Or, les nerfs excitateurs de ces parties naisssent de la moelle; c'est donc sur elle que se concentre l'activité de cette substance. Donc, alors même l'ergot agit comme excitant, mais exagéré, du système nerveux spinal. On comprend dès lors, que si on parvient, par une administration convenable de cet agent, à modérer cette excitation, à la tenir dans de justes bornes, on pourra l'utiliser en thérapeutique, de même que, par l'administration convenable de la noix vomique ou de son principe actif, la strychnine, on obtient d'heureux effets d'une substance qui, à haute dose, est éminemment vénéneuse. Eh bien ! c'est là précisément le résultat auquel on parvient maintenant, par rapport à l'ergot de seigle, comme nous le verrons ci-après.

2° Si, d'une autre part, on fait continuer pendant plusieurs jours de suite l'ergot de seigle, à dose modérée, médicamenteuse (10, 12, 15, 20 décigrammes), pour d'autres indications que pour agir sur les membres inférieurs, on observera souvent, comme l'ont remarqué plusieurs médecins, en l'administrant, soit dans des cas de rétention d'urine, soit pour d'autres indications, et, comme nous l'avons souvent reconnu nous-même, que, tandis que le remède était ordinairement pris, dans le commencement, sans que son action retentit d'une manière sensible sur l'économie, il occasionne plus tard, dans peu de jours même, une certaine agitation dans les extrémités inférieures, une sensation de fourmillement, souvent même de légers mouvements spasmodiques dans les muscles des membres pelviens. Or, ces phénoménes indiquent nécessairement, de la part du remède, une action excitante sur les appareils musculaires des membres inférieurs, que l'on peut, ce me semble, que l'on doit même, avec raison, considérer comme diminutive de l'action bien autrement convulsive qu'il produit à dose excessivement plus forte, comme dans les épidémies que j'ai rappelées. Et comme alors cette excitation musculaire ne peut avoir été transmise que par les nerfs qui se rendent à ces parties, et que ces nerfs eux-mêmes proviennent du prolongement rachidien, il faut bien en déduire encore que l'ergot de seigle est primitivement un excitateur de la moelle épinière.

3° Mais allons plus loin, et donnons le seigle ergoté dans des cas où la moelle épinière, par suite des commotions, compressions ou autres maladies qu'elle aura éprouvées, conservera, alors même qu'il n'y aura aucune lésion anatomique, ni aucune altération appréciable de sa texture, conservera, dis-je, un état d'inertie fonctionnelle, dont la conséquence sera une paraplégie plus ou moins prononcée, et quelquefois fort rebelle aux ressources ordinaires de l'art. Si, dans ce cas, où l'inaction vitale de la moelle sera la cause réelle de la paraplégie, on administre le seigle ergoté, et que, sous son influence, on voie peu à peu le sentiment et le mouvement revenir dans les membres qui en étaient dépourvus naguères, on ne saurait mettre plus longtemps en doute son action excitatrice sur la moelle spinale. Or, c'est-là précisément ce que trop de faits observés par nous-même nous ont attesté, pour que nous puissions encore nous refuser à admettre une pareille conclusion. On ne doit pas expliquer différemment le succès de guérison d'une paraplégie à l'aide du seigle ergoté, qu'a fait connaître, dans le temps, M. Barbier, d'Amiens. Si ce praticien eut mieux étudié la signification de ce fait, il eût eu bien d'autres succès de ce genre à constater. Nous avons pu nous-même, en 1839, citer, dans la *Revue médicale*, quelques cures analogues de paraplégie obtenues par cette substance, et nous leur en adjoindrons d'autres dans le cours de ce travail.

Voilà donc trois chefs de raisons qui tendent à démontrer que l'ergot de seigle a réellement une action spéciale sur la moelle, et qu'il en est spécifiquement l'excitateur.

Examinons maintenant, si on peut adapter, à une pareille conclusion, son mode d'agir contre les autres maladies où son usage a été généralement recommandé. On sait que les praticiens s'en servent tous les jours pour réveiller la contractilité utérine, dans les diverses maladies tenant à un état d'inertie ou d'asthénie de la matrice. Et pour expliquer cette action médicamenteuse, on dote l'ergot de seigle de la qualité de spécifique de ces maladies.

Cette explication a pu être bonne et suffisante, tant que l'on ne connaissait à cette substance d'autres propriétés que celles qui se rapportaient à la matrice. Maintenant qu'il est démontré qu'elle agit, sur d'autres organes, d'une manière non moins efficace peut-être, on ne saurait plus s'en contenter. De là le besoin d'en chercher une autre plus sévère et plus complète. Mais, pour nous mettre sur la voie d'y parvenir plus sûrement, nous remarquerons que le seigle ergoté agit dans ces maladies de l'utérus en excitant sa contractilité, et qu'il se comporte, vis-à-vis de ce *muscle* creux, comme dans les paraplégies, pour les muscles des membres inférieurs. Or, on ne peut raisonnablement, ce nous semble, faire dériver d'autre part que de la moelle épinière cette action contractile imprimée à l'utérus. Remarquons, en effet, que la matrice reçoit, elle aussi, des nerfs du prolongement rachidien. Quoique faisant partie du tissu musculaire de la vie organique de Bichat, et fonctionnant, en cette qualité, hors de l'influence de la volonté, il est vrai néanmoins que ses nerfs ne proviennent point tous du grand sympathique, et que les nerfs sacrés, surtout la deuxième paire, fournissent des rameaux utérins qui se mêlent intimément aux sympathiques pour former un plexus destiné à l'utérus, au vagin, etc. ; c'est au point que l'entrelacement de ces filets les uns avec les autres ne permet pas au scalpel le plus habile de les suivre avec précision. A quelle fin se fait ce mélange de filets nerveux de nature différente? Ces deux espèces de nerfs remplissent-ils des fonctions distinctes? Une seule préside-t-elle à la contractilité viscérale, ou bien faut-il admettre qu'elles y concourrent ensemble? Quelle que soit la réponse qu'on veuille donner à ces diverses questions, on ne pourra pas démontrer que les nerfs spinaux soient sans utilité pour les fonctions de l'utérus, et qu'ils demeurent étrangers à sa contractilité. Il paraît plus rationnel de penser que, du moment qu'ils s'entremêlent et s'anastomosent pour s'identifier en quelque sorte, ils fonctionnent simultanément pour de communes actions et par une influence réciproque; et, par conséquent, agir sur un de ces systèmes nerveux, ce sera agir sur leur innervation commune ; exciter le système nerveux rachidien, ce sera exciter par-là même l'organe de la gestation. Or, comme l'ergot de seigle jouit réellement, d'après ce qui précède, de la propriété d'exciter la moelle épinière et ses nerfs, nous pouvons nous expliquer par-là même la stimulation qu'il communique à l'utérus. Celle-ci, au lieu de se porter tout à coup et directement sur cet organe, comme on le croit généralement, se porte primitivement sur la moelle spinale, et secondairement sur la matrice, par le moyen des nerfs utérius qui sont alors les agents de la transmission du stimulus. Les choses se passent, dans cette circonstance, comme dans les cas de paraplégie que l'on combat par le seigle ergoté, et où la force contractile est réellement imprimée, en premier lieu, à la moelle spinale, et transmise de là aux muscles des membres pelviens par le moyen des nerfs qui vont s'y rendre. Il y a, dans l'un et dans l'autre cas, similitude d'effet. Pourquoi de celle-ci voudrait-on ne pas conclure à une similitude d'action ou de cause?

Mais, pourra-t-on dire avec raison, si on admet une fois que l'ergot de seigle soit un excitant de la moelle épinière, et que, lors de son emploi dans l'inertie utérine ou dans les paraplégies, il n'agisse que secondairement ou par voie de transmission sur l'utérus et les membres inférieurs, on sera forcée, d'après ce qui précède, et pour être conséquent avec les arguments antérieurs, de conclure qu'il devra avoir aussi une action excitante sur la vessie, puisque, comme la matrice et comme les membres pelviens, cet organe reçoit aussi ses nerfs des plexus spinaux, et que beaucoup d'affections de la moelle le paralysent. Eh bien! ce que le raisonnement indique comme une conséquence rigoureuse des arguments précédents, l'expérience vient le confirmer de son imposante et irrésistible autorité. Elle prouve que la vessie est réellement stimulée par l'ergot de seigle; que sa contractilité, dans les cas d'inertie, se trouve véritablement excitée. C'est au point que, d'après les observations que j'ai recueillies à ce sujet et qui seront mentionnées dans ce Mémoire, je suis persuadé que la thérapeutique ne possède point de médicament aussi efficace contre les ischuries par paralysie de la vessie, affections jusqu'à ce jour si graves, et dont la mort était souvent la conséquence funeste.

Il est encore un organe dont la paralysie se manifeste quelquefois en même temps que celle de la vessie et des extrémités inférieures, je veux parler de l'intestin rectum, auquel le plexus sacré envoie aussi des rameaux dits hémorrhoïdaux, Mais comme elle est assez rare, ou que, quand elle existe d'une manière permanente, elle est presque toujours le fâcheux symptôme de quelque lésion matérielle grave du cerveau ou du prolongement rachidien, je n'avais pas rencontré jusqu'à ces derniers temps d'occasion favorable pour employer contre elle l'ergot de seigle. Il s'en est enfin présenté une, et l'ergot n'a pas failli à notre attente. L'observation en sera, au reste, consignée dans le cours de ce travail. Disons toutefois que, dans le cas dont il s'agit, les applications de l'ergot ne pourront qu'être bien rares.

Tels sont les raisonnements dont je m'étaye pour rattacher à un système unique d'organes, au système nerveux rachidien, l'action thérapeutique de l'ergot de seigle et ses différentes applications. Cette action, je l'ai soupçonnée, dès que j'ai voulu étudier les divers faits connus dans la science touchant ce médicament ; et ce soupçon s'est pour moi transformé en certitude, lorsque, aux simples inductions du raisonnement, j'ai pu ajouter les expérimentations, que certes j'ai reconnues être en faveur de son action excitatrice sur la moelle spinale. Et qu'on ne pense pas qu'il doive être peu important pour la pratique et, par conséquent, pour le bien de l'humanité, d'en venir à cette conclusion; car cette action excitatrice étant une fois bien conçue et démontrée, il devient facile de reconnaître et de préciser même les indications qui recommandent l'emploi de l'ergot. Ainsi, son administration devra convenir toutes les fois qu'il y aura lieu d'exciter la vitalité de la moelle épinière ou des organes auxquels elle transmet l'innervation. Partant de cette donnée, il devient patent qu'on devra recourir à l'ergot de seigle dans les paraplégies et les affaiblissements des extrémités inférieures provenant de causes qui ont paralysé ou suspendu l'action de l'organe spinal sans en avoir altéré la texture, causes qui sont plus fréquentes qu'on ne pense généralement; dans les rétentions d'urine, occasionnées par un manque de force contractile des parois vésicales ou symptomatiques d'un manque d'action fonctionnelle de la moelle spinale elle-même; dans certaines paralysies du rectum, dues à des causes pareilles, que l'expérience a déjà depuis longtemps démontrées; dans les diveses affections provenant d'un état d'inertie ou d'asthénie de la matrice. Et certes, si ces notions sur l'ergot de seigle eussent été reconnues et propagées plutôt, on se serait épargné beaucoup de divagations relatives à son emploi; on n'eut pas eu, par exemple, par la seule raison qu'il avait été reconnu utile contre les métrorrhagies, l'absurde idée de vouloir le considérer comme un anti-hémorrhagique universel, et le conseiller, en cette qualité, contre l'hémoptysie, l'épistaxis, etc.

Mais hâtons-nous d'en venir à l'étude spéciale des applications que la thérapeutique peut faire de cette précieuse substance, en prenant, pour point de départ, les notions que nous nous sommes faites de son mode d'agir? Rendant ainsi notre sujet plus pratique, nous le rendrons aussi plus digne d'intérêt.

§ III. — *Applications pratiques de l'ergot de seigle.*

Dans ce paragraphe, principalement consacré à la partie pratique du sujet que nous traitons, nous nous occuperons des applications qui peuvent être faites de ce médicament : 1° contre les paralysies des extrémités inférieures ou paraplégies ; 2° contre les paralysies ou asthénies de la vessie ; 3° contre celles du rectum ; 4° contre l'inertie utérine et les états pathologiques qui en procèdent. Les succès que nous aurons à enregistrer viendront corroborer nos idées théoriques, si fécondes en aperçus pratiques.

Art. 1er. — *Ergot de seigle contre les paralysies des extrémités inférieures ou paraplégies.*

Il y a bien peu de temps encore, personne ne songeait à utiliser l'ergot de seigle pour le traitement des paraplégies. M. Barbier, d'Amiens, avait bien cité un fait remarquable de guérison ; mais d'autres essais tentés par lui ayant été sans résultats, on n'avait pas cherché à se rendre raison de l'insuccès, et on en était resté là. Cependant les expérimentations que j'ai eu occasion de faire sur l'ergot de seigle pour le traitement de ces maladies, m'ont démontré quels avantages on peut en percevoir contre un certain nombre d'entre elles.

Toute paraplégie complète ou incomplète suppose nécessairement, comme on le sait, l'interruption ou l'affaiblissement de l'action nerveuse sur les parties inférieures du corps ; et comme ces parties reçoivent leurs nerfs, et, par conséquent, le principe du mouvement et du sentiment, de la moelle épinière, il en résulte que les mêmes causes, qui produisent une altération quelconque d'une certaine gravité sur la moelle épinière, feront naître par là même la paraplégie. Or, en partant du principe que nous avons admis touchant le mode d'action de l'ergot, il devient d'abord évident que cette substance ne saurait convenir indistinctement dans toute paraplégie. Que si, par exemple, celle-ci est produite par une myélite aiguë ou chronique, par un ramollissement, un abcès, un ou plusieurs tubercules, une compression trop forte, une solution de continuité de la moelle épinière, ce ne sera pas un agent thérapeutique doué de la propriété de stimuler cet organe qui devra être favorable. On s'exposerait alors, ou bien à une nullité de résultat, ou bien à des effets préjudiciables. Mais il arrive souvent, comme le démontre l'observation, qu'à la suite de certaines des lésions ou des commotions de la moelle spinale, alors que les effets primitifs, que les lésions organiques même, causes directes de la paraplégie, ont cessé d'exister, celle-ci persévère encore, parce que la moelle rachidienne paraît ne pouvoir plus recouvrer son activité première. Et certes les faits ne sont point très rares où, à la suite d'un ébranlement violent imprimé à cet organe par quelque chute sur la région des lombes, ou consécutivement à quelques autres de ses maladies, on voit les extrémités inférieures, ne pouvoir plus recouvrer de la force et rester paraplégiques. Cependant les médecins ne sont pas inactifs contre de pareils symptômes. S'adressant principalement aux méthodes dérivatives de traitement, on les voit appliquer le plus souvent, près du siége du mal, des ventouses scarrifiées, des vésicatoires, des cautères, des moxas, ou tout au moins des liniments rubéfiants sur le trajet de la colonne vertébrale, qui n'était plus cependant le siége d'aucune douleur. Mais les résultats de cette médication sont souvent nuls ou à peu près, parce que ces moyens n'ont pas une action bien directe sur le prolongement rachidien, et que ce qui manque, c'est une stimulation qui réveille sa vitalité, ou, si vous voulez, un agent thérapeutique qui la développe. Mais cet agent précieux et désirable, la thérapeutique sera dorénavent en mesure de le fournir par l'ergot de seigle. Pour le prouver d'une manière plus péremptoire, j'en appelle à l'autorité des observations suivantes, dont la plupart ont été recueillies à l'Hôtel-Dieu d'Aix, au service duquel je tiens par la nature de mes fonctions.

OBSERVATION 1re. — *Paraplégie ancienne, consécutive d'une courbure exagérée de la colonne vertébrale : ergot de seigle, guérison.*

Le premier août 1836, entra, dans les salles de l'Hôtel-Dieu d'Aix, le nommé Silvestre, âgé de 72 ans, vieillard maigre, à la colonne vertébrale très infléchie en avant, se plaignant d'une faiblesse très prononcée des membres inférieurs qui avaient de la peine à supporter le poids de son corps. Placé d'abord dans les salles du médecin, il y fut soumis pendant quelque temps à l'usage des liniments excitants, soit le long du rachis, soit sur les membres inférieurs. Mais aucune amélioration ne s'ensuivit ; la paralysie fit, au contraire, des progrès ; c'est au point que le médecin voyant que le malade, exempt de douleurs, au reste, n'éprouvait aucun bien des remèdes employés, finit par renoncer à toute médication, regardant cette paraplégie comme incurable, comme un effet irrémédiable de l'âge et de l'inflexion de la colonne vertébrale. C'est même alors que ce sujet fut transféré dans les salles moins peuplées du service chirurgical, où nous cherchâmes à étudier avec soin s'il n'y aurait pas lieu de revenir du jugement d'incurabilité qui avait été prononcé. Or, voici ce que nous remarquâmes : les deux extrémités inférieures étaient dépourvues de la faculté locomotive, et elles ne conservaient plus qu'une sensibilité très obtuse. Elles étaient, nous disait le malade, comme des morceaux de bois. L'excrétion des matières fécales et des urines s'opérait naturellement, sauf un peu de constipation qui rendait souvent nécessaire l'usage des lavements. Les membres supérieurs étaient libres : il y avait absence de fièvre, appétit bon, digestions faciles.

M. le docteur Arnaud, praticien aussi distingué que modeste, alors directeur du service chirurgical, auquel nous étions nous-même attaché en qualité de chirurgien chef-interne, avait eu déjà connaissance de quelques faits où l'ergot de seigle avait été utilement employé contre les paraplégies. Et ce fut avec plaisir que nous le vîmes vouloir expérimenter ce médicament chez ce malade. Il fut donc prescrit, le 17 septembre 1836, de la manière suivante :

Prenez : seigle ergoté en poudre récente, 75 centigrammes ; faites infuser dans eau bouillante, 125 grammes.

Coulez et faites prendre en une fois le matin à jeun, (à l'usage pour les jours suivants.)

22 septembre, cinq jours après, augmentation de

25 centigrammes de la dose de l'ergot. — Déjà le malade éprouvait une amélioration manifeste. Les membres inférieurs avaient recouvré une partie de leur sensibilité ; ils lui paraissaient beaucoup plus légers, et il pouvait déjà les mouvoir. Le soir, ayant été assis sur une chaise pendant qu'on lui faisait le lit, il put, en appuyant les mains sur le lit, en faire le tour à deux reprises.

25 septembre, huitième jour du traitement. Le malade est mieux encore. A l'aide d'un bâton, que l'inflexion de sa colonne vertébrale rendait depuis longtemps nécessaire, il put aller seul, plusieurs fois, d'un bout de la salle à l'autre.

29 septembre, douzième jour du traitement. Le malade en était à douze décigrammes par jour du remède depuis l'avant-veille. — Silvestre a pu descendre à la cour des malades et remonter dans la salle, n'étant aidé que de son bâton. Dès ce moment, la guérison de sa paraplégie était complète. L'ergot de seigle fut néanmoins continué pendant quelques jours encore.

Ainsi céda, à l'action de ce médicament, une maladie que bien des signes avaient pu, avec assez de raison, faire considérer comme incurable. 12 ou 15 jours de traitement furent suffisants pour obtenir ce résultat, auquel, s'il faut le dire, nous ne nous attendions point aussitôt.

Quelques nausées, quelques vomituritions même rares, un peu de malaise vers l'épigastre, se faisaient remarquer ordinairement pendant l'heure qui suivait l'ingestion du médicament. Tout rentrait ensuite dans l'état normal. L'appétit se conservait bon, le malade mangeait la demi-portion ou le quart.

Une sensation de fourmillement, quelques mouvements involontaires des muscles des membres inférieurs, étaient souvent perçus par le malade pendant l'usage de l'ergot.

Ne voulant pas, après une guérison si rapidement obtenue, demeurer spectateur passif du fait, je cherchai à me rendre compte de l'action du remède. Je ne pouvais attribuer qu'à une affection quelconque de la moelle épinière la paraplégie complète qui venait d'être traitée : et, comme l'absence totale, pour le présent comme pour le passé, de douleurs vers la colonne vertébrale, devait éloigner de l'idée d'une myélite chronique, je crus plus rationnel d'attribuer, à la compression lente et graduée que devait produire sur la moelle spinale la courbure exagérée du rachis, les effets paraplégiques observés, savoir : l'affaiblissement d'abord léger, très-considérable plus tard, des fonctions de l'organe rachidien ; et, dès ce moment, je crus reconnaître que l'ergot de seigle avait agi comme un excitant puissant, très-efficace de ce même organe. Les observations suivantes me confirmèrent de plus en plus dans ces idées que j'avais auparavant soupçonnées sur l'action de l'ergot.

Obs. II. — *Paraplégie rebelle par commotion de la moelle épinière : ergot de seigle, guérison.*

Bertrand François, soldat du génie, venant d'Afrique pour se rendre dans ses foyers, entra à l'Hôtel-Dieu, le 17 septembre 1836, pour s'y faire traiter d'une paralysie des extrémités inférieures, survenue de la manière suivante : Bertrand, étant dans un navire pour se rendre à Toulon, se laissa tomber à la renverse, et la région lombaire frappa violemment sur un corps saillant. La commotion fut si violente, dit le malade, qu'il resta trois heures sans connaissance. Des soins attentifs firent cesser cet état de stupeur, et permirent de reconnaître une violente contusion de la région des lombes avec ébranlement de la moelle épinière.

Transporté à l'hôpital de Toulon, ce militaire y fut l'objet des soins que réclamait son état. Une saignée générale avait été précédemment faite pendant la traversée, peu après la chute. A Toulon, l'on fit appliquer les sangsues, sur la région des reins, au nombre d'une cinquantaine, en deux reprises. Des cataplasmes émollients y étaient aussi tenus. Ces moyens firent cesser les symptômes inflammatoires, mais furent insuffisans pour donner aux jambes leur force première. Ce fut après dix jours de traitement à Toulon, que le malade, profitant des moyens de transport et de l'assistance de quelques camarades, se fit transporter jusqu'à Aix. Amené dans l'hôpital de cette ville, il nous présenta les symptômes suivants :

État général satisfaisant, absence de fièvre, appétit bon, grande faiblesse des extrémités inférieures. Le malade ne peut pas marcher seul, parce que les genoux fléchissent sous le poids du corps d'une manière involontaire. La sensibilité de ses membres inférieurs est très-obtuse ; couché, il ne peut pas relever les pieds et les jambes au-dessus du plan du lit. Cette faiblesse est encore plus prononcée pour le membre gauche que pour le droit. En même temps, douleur sourde, sentiment de pesanteur à la région lombaire.

19 septembre. — 25 sangsues aux lombes, cataplasmes émollients : diminution de la douleur.

22 septembre. — 20 nouvelles sangsues aux lombes, cataplasmes ; disparition de la douleur lombaire, mais persistance de la paralysie qui était au même point qu'au jour de l'entrée du malade dans nos salles.

Huit jours s'écoulèrent ainsi sans diminution de sa paralysie. La région lombaire était cependant libre de toute douleur et de symptômes de phlogose spinale, depuis l'application des sangsues ; et pourtant un mois s'était écoulé depuis la chute provocatrice des accidents. — Pensant alors que la paraplégie devait tenir plutôt à un état de stupeur de l'organe rachidien qu'à son inflammation que rien ne nous dénotait, nous nous décidâmes, encouragé par le succès précédent, à recourir au remède auquel nous avions déjà reconnu des propriétés excitantes sur le système nerveux rachidien, à l'ergot de seigle, en un mot. En conséquence, à la visite du 26 septembre, nous prescrivîmes, comme on l'avait fait dans l'observation précédente, 75 centigrammes d'ergot de seigle récemment concassé, infusé dans 125 grammes d'eau bouillante, à l'usage.

2 octobre, sixième jour du traitement. La dose du remède a été déjà portée à un gramme. Ses bons effets pouvaient déjà se remarquer ; les membres paralysés étaient devenus moins pesants, ils avaient recouvré de la force ; dans le lit, ils pouvaient être mus assez facilement. Quoique les genoux faiblissent encore parfois, quand le malade descendait du lit, cela arrivait bien moins fréquemment, et il pouvait déjà marcher en s'appuyant au bras d'une personne.

3 octobre. — Suppression de l'ergot. Le docteur, qui

vient prendre la direction du service chirurgical, n'ayant pas foi en ce médicament, et ne croyant pas probablement à l'amélioration dont on lui parlait, renonce à ce moyen, et fait appliquer deux moxas à la région lombaire, sur la partie qui avait été contusionnée.

Les moxas suppurèrent très-bien pendant trois mois; des pois placés sur ces exutoires, après la chute des escarres, favorisèrent cette suppuration. Mais aucun soulagement n'accompagnait leur emploi. Au bout de trois mois, le malade ne reconnaissait pas la plus légère amélioration; ses jambes auraient été même un peu plus faibles qu'au commencement du trimestre.

1er janvier 1837.—L'inutilité des exutoires de la région lombaire étant devenue pour nous aussi évidente que l'avait été l'efficacité de l'ergot, on cessa de les entretenir, et nous remîmes le malade à l'usage du remède que nous n'avions vu supprimer qu'avec regret. Il recommença à en prendre 75 centigrammes, et la dose était augmentée de 25 centigrammes tous les quatre ou cinq jours. Déjà, le 6 février, nous en étions à 3 grammes par jour, infusés dans les 150 grammes d'eau bouillante. Le médicament ne fut supprimé que le 12 du même mois, alors que chaque prise était de 30 décigrammes (60 grains par jour). L'amélioration reprit avec l'usage du remède; ses progrès devenaient de jour en jour plus manifestes. Déjà, dès le commencement de février, il ne lui restait presque plus aucun ressentiment de sa paralysie. — Au 12 du même mois, quand le médicament fut supprimé, la guérison était parfaite.

Bertrand est resté pendant un mois encore à l'Hôtel-Dieu, remplissant les fonctions d'infirmier, ses membres étaient parfaitement libres ; et, lorsqu'il nous quitta, le 15 mars, il n'eût pas même besoin de réclamer les moyens de transport, pour se rendre dans le département de l'Hérault, son pays natal.

Ce malade présenta une tolérance vraiment remarquable pour ce médicament ; il n'en fut jamais incommodé ; jamais des vomituritions ni même des nausées. C'est ce qui m'enhardit à porter progressivement l'ergot jusqu'à une forte dose.

Cette observation peut ne pas être indifférente pour l'histoire thérapeutique de l'ergot de seigle. On y voit, en effet, que cet agent médicateur a été continué pendant quarante-deux jours consécutifs, à dose progressivement croissante, sans qu'aucun accident d'ergotisme se soit manifesté, sans même que le malade ait été sensiblement incommodé. Quelques soubresauts musculaires, des mouvements spasmodiques légers étaient seulement ressentis dans les parties paralysées, et annonçaient l'action efficace du remède.

Obs. III. — *Affaiblissement des extrémités inférieures, consécutif d'un mal vertébral de pott : ergot de seigle, amélioration sensible.*

Un jeune homme, âgé de 26 ans, était depuis près de deux années, dans les salles de l'Hôtel-Dieu d'Aix, pour un mal vertébral de Pott, dont la marche fut arrêtée par des exutoires entretenus avec persévérance autour de la saillie dorsale. Restait seulement de la faiblesse dans les extrémités inférieures, faiblesse qui, dans la première quinzaine de septembre 1836, devint assez forte pour empêcher le malade de se soutenir sur ses jambes, comme il l'avait pu auparavant. Comme cependant la région dorsale examinée avec soin n'indiquait pas une récidive de la maladie, nous nous demandâmes si ce n'était point à un état d'inertie ou de manque d'action de la moelle épinière, consécutif de la lésion qui avait existé aux vertèbres, qu'il faudrait attribuer cet état. Nous le présumâmes ainsi, et nous nous déterminâmes, en conséquence, à l'emploi de l'ergot. L'amélioration qui s'en suivit fut manifeste. Le malade ne le prit qu'une douzaine de jours ; mais ce fut suffisant pour le mettre à même de quitter l'hôpital et d'aller s'occuper d'agriculture. Depuis cette époque, ses jambes le servent fort bien.

Obs. IV. — *Autre cas de paraplégie traitée et guérie par l'ergot de seigle.*

Dans le mois de mars 1838, un médecin des environs d'Aix me consulta au sujet d'un de ses clients qui, à la suite d'une chute sur la région lombaire, était depuis deux mois atteint d'une paraplégie incomplète rebelle. Une médication bien raisonnée et assez énergique avait fait disparaître toute trace d'inflammation locale ; mais il était resté néanmoins une grande faiblesse des extrémités inférieures qui empêchait le malade de pouvoir se tenir sur ses jambes. Je crus, dans ce cas, devoir conseiller l'ergot de seigle, pendant une quinzaine de jours, depuis 8 jusqu'à 12 décigrammes. Les effets en furent assez marqués : le malade sentait à mesure renaître les forces et la sensibilité dans les extrémités inférieures. A la fin de la quinzaine, il pouvait, à l'aide seul d'un bâton, se promener autour de sa maison. Quoique le remède n'ait pas été repris, le malade ne se ressent plus aujourd'hui de cette faiblesse des membres inférieurs qui lui avait donné tant d'inquiétude.

A ces quatre faits que j'avais déjà fait connaître (voir la Revue médicale, mars 1839), je puis en joindre quelques autres que j'ai recueillis depuis, et qui corroborent encore ma théorie sur l'action excitatrice de l'ergot de seigle sur la moelle épinière. En voici la relation :

OBS. V. — *Commotion spinale : paraplégie consécutive rebelle : ergot de seigle, guérison.*

Le nommé Lautier, âgé de 50 ans, ayant habituellement le tronc un peu penché en avant, se laissa choir d'un arbre assez élevé qu'il voulait tailler ; et la chute fut si violente, qu'il resta pendant un certain temps privé de toute connaissance. Transporté chez lui, il se sentit tout brisé, et ne put plus faire exécuter des mouvements volontaires à ses membres inférieurs. Ce fut au cinquième jour seulement de l'accident qu'il fut transféré à l'hôpital, savoir, le 7 décembre 1838. Une douleur sourde était par lui ressentie vers la région lombaire de la colonne vertébrale. La motilité volontaire était tout à fait nulle dans les extrémités inférieures; mais leur sensibilité était étonnamment exagérée. Elle était même si vive que, si on touchait, quoique légèrement, la peau des cuisses ou des jambes, avec les doigts, on provoquait immédiatement des douleurs suraiguës avec soubresauts musculaires : il y avait également fréquence et dureté dans le pouls, chaleur accrue de la peau, perte d'appétit, etc. — Saignée du bras, boissons délayantes, deux jours après, application de sangsues sur la région lombaire, application qui fut répétée un peu plus tard.

Sous l'influence de ces évacuations sanguines, la douleur lombaire disparut presque entièrement en même temps que diminuait, lentement toutefois, la vive sensibilité des membres pelviens. Enfin, le 18 décembre, on prescrivit l'application de deux larges moxas sur les côtés de la colonne vertébrale et à la région lombaire.

12 mars 1839. — Les moxas avaient suppuré jusqu'à ce jour, c'est-à-dire, pendant près de trois mois; et cependant les extrémités inférieures sont encore très-faibles : le malade ose à peine faire quelques pas autour de son lit ; le peu de force de ses jambes lui fait toujours craindre de tomber. Y avait-il lieu, dans ce cas, d'insister plus longtemps sur les exutoires ? Nous ne le pensâmes point ; nous préférâmes, à une époque où rien n'indiquait positivement qu'il existât encore de l'inflammation sur le trajet de la moelle, nous adresser, comme ci-dessus, à l'ergot de seigle. Il en fut conséquemment prescrit 75 centigrammes, en commençant, à prendre en une fois (à l'usage.)

22 mars. — Depuis deux jours, le malade en était à un gramme et demi d'ergot. Nous le supprimâmes alors parce qu'il en était un peu incommodé. Il éprouvait quelques maux de tête, quelques nausées, des fourmillements dans les extrémités inférieures. Au reste, le mieux était déjà bien manifeste ; à cette époque, il descendait dans la cour des malades et pouvait rester

levé tout le jour. Depuis lors, cet homme, que j'ai occasion de voir souvent, n'a plus éprouvé de récidive.

Dans ce cas encore, l'action du seigle ergoté a été pour nous de toute évidence. Ce n'est, en effet, qu'à cette substance, qu'on peut réellement attribuer la différence assez sensible que nous avons remarquée entre l'époque où nous avons commencé à donner l'ergot et celle où nous l'avons supprimé. Et cependant, onze jours seulement s'étaient écoulés entre le commencement et la fin de cette médication.

Obs. VI.

Le nommé Denis G., âgé de 60 ans, mais encore assez vigoureux, se laisse tomber à la renverse, le 23 août 1839, et se contond principalement la fesse gauche ainsi que la partie correspondante de la région lombaire. Il n'attachait pas d'abord d'importance à cette chute, pensant que les effets s'en dissiperaient d'eux-même. Voyant cependant que le mal persistait, il prit le parti de se rendre à l'hôpital où il fut reçu le 26 août. Il se plaignait alors d'une douleur sourde à la hanche, s'étendant vers les lombes, ce qui rendait chez lui la marche difficile. Le pouls était légèrement fébrile, la chaleur de la peau un peu accrue. — Saignée générale, deux applications de sangsues sur les parties contuses, séjour au lit, liniment camphré.

Le 10 septembre, le malade fait observer que, quand il se lève, ses jambes, surtout la gauche, sont un peu vacillantes et plient quelquefois sous le poids du corps ; elles sont, dit-il, comme engourdies. — Continuation des frictions huileuses camphrées.

18 septembre. — Le malade ayant réitéré sa plainte sur la faiblesse et l'engourdissement de ses jambes, je le fais marcher sous mes yeux pour mieux savoir à quoi m'en tenir, et je reconnais qu'effectivement sa marche est mal assurée, un peu vacillante. Rapprochant alors cet état de la chute, je me demandai si cet affaiblissement, qui restait stationnaire depuis un mois, ne pourrait pas être consécutif de la commotion qu'aurait éprouvée le système nerveux spinal; et comme cette interprétation pouvait bien en valoir une autre, et que d'ailleurs les moyens précédemment employés avaient été insuffisants, je me décidai pour l'administration de l'ergot, qui fut commencé, sans autre retard, à la dose de 75 centigrammes.

22 septembre — Je demande au malade, qui a déjà pris le remède pendant quatre jours, de m'établir l'état comparatif des forces de ses jambes depuis qu'il l'a commencé. Or, déjà l'amélioration, à ce qu'il prétend, est sensible, et ses jambes sont moins engourdies.

28 septembre. — Suppression du remède dont il prenait un gramme et demi. Depuis plusieurs jours il éprouvait, vers les cuisses, des soubresauts musculaires assez forts pour qu'il en fut incommodé, et il avait bien remarqué que ces mouvements insolites des muscles ne s'étaient déclarés que pendant l'usage du remède.

Il fallut cependant encore, malgré un mieux sensible, faire frictionner, avec des liniments camphrés, la hanche et la cuisse gauches. — Quoique, dans ce cas, les symptômes paraplégiques aient été moins tranchés que dans les observations précédentes, l'effet excitateur de l'ergot sur le système musculaire a été si évident, que j'ai cru devoir joindre ce fait à ceux déjà mentionnés.

Obs. VIII. — *Affaiblissement remarquable et rebelle des membres inférieurs consécutif d'une myélite chronique : ergot de seigle, guérison.*

Cette observation est relative à un affaiblissement assez remarquable des membres inférieurs, que je crois avoir été produit par une myélite chronique qui avait été traitée en conséquence, sans diminution des symptômes paraplégiques. La relation de ce fait ne sera pas dénuée d'intérêt.

Le nommé Mounier, ancien cardeur de laine, âgé de 38 ans, homme à long corsage, lymphatique, avait été forcé, à plusieurs reprises, de venir à l'hôpital pendant les deux dernières années, en se plaignant toujours d'une faiblesse prononcée des extrémités inférieures, laquelle coïncidait avec des douleurs vers la colonne vertébrale; et, quoique des dérivatifs extérieurs, des liniments irritants sur la région vertébrale, le repos au lit, des applications de sangsues ou de ventouses diminuassent cet état, il en restait toujours quelque chose. C'est la même incommodité qui le ramène à l'hôpital, le 21 mars 1839. Ses jambes étaient chancellantes et tremblantes, sa démarche mal assurée; elle ressemblait parfois à celle de l'homme qui est dans un état d'ivresse. Il se plaint en même temps d'une douleur sourde dont il rapporte le siége le long de la colonne vertébrale, aux régions lombaires et dorsales de celle-ci. C'était, en un mot, des symptômes semblables à ceux des années précédentes, mais plus développés, plus intenses.

On crut, avec raison, à l'existence d'une phlegmasie

chronique de la moelle, dont on chercha à obtenir la cessation par une médication plus énergique que par le passé. C'est ainsi que quatre larges moxas furent prescrits et appliqués sur les côtés de la colonne vertébrale, savoir : deux, au haut de la région dorsale, et deux autres, au haut de la région lombaire.

Déjà, depuis trois mois, ces moxas étaient en pleine suppuration, et entretenus en activité par quatre pois chacun ; et cependant, quoique le malade eût remarqué que, par ce traitement, les douleurs s'étaient calmées, que même la faiblesse des jambes avait diminué, il en restait néanmoins beaucoup encore ; et, quand nous lui demandions, à cette époque déjà reculée du commencement du traitement, où il en était pour la force des jambes, sa réponse était celle-ci : Mes jambes sont toujours bien faibles.

Quelle indication se présentait donc à nous en cette circonstance ? Fallait-il continuer à croire à la persistance de la myélite, et lui attribuer l'affaiblissement qui existait encore, ou bien devait-on rapporter celui-ci, en se fondant sur l'absence des douleurs, à un état d'inertie de la moelle consécutif de la phlegmasie qui l'avait longtemps travaillée, mais que les quatre exutoires avaient bien pu faire dissiper ? De ces deux opinions, la dernière fut la préférée et inspira l'idée de recourir à l'ergot de seigle, que rien, en l'état, ne semblait contr'indiquer. Ce médicament fut donc prescrit le 10 juillet, à la dose de 75 centigrammes (à l'usage).

15 juillet. — Le malade s'est déjà aperçu d'un mieux manifeste. Un gramme du remède.

20 juillet. — Un gramme et demi : progrès vers le mieux.

25 juillet. — Le remède est suspendu ; il commençait à fatiguer le malade. Au reste, nous n'en avions plus que faire. Mounier nous déclarait, avec une vive satisfaction, que ses jambes avaient recouvré toute leur force primitive. Vers cette époque, il se fit recevoir infirmier, et en exécuta les pénibles fonctions sans aucune gêne ; et, quoiqu'il soit resté en cette qualité, pendant près de deux mois encore, il n'a plus ressenti des vestiges de sa débilité passée.

J'ai revu cet homme depuis peu de temps, et j'ai été en mesure de m'informer auprès de lui de son état depuis son traitement. Sa santé ne laissait rien à désirer. Il n'avait plus éprouvé de récidive de cette faiblesse des extrémités inférieures qui l'avait si longtemps importuné.

Tels sont les faits relatifs à l'action de l'ergot de seigle contre les paraplégies que j'ai eu occasion d'observer et d'étudier. Ils ont mis hors de tout doute pour nous son action excitante sur le système nerveux de la moelle épinière. Comme on le voit, ce médicament a été pour nous de la plus grande utilité. Que serait-il, en effet, advenu, sans l'ergot, de ce vieillard paraplégique qui a fait l'objet de notre première observation ; de ce militaire, de la deuxième observation, qui, après quatre mois de médications diverses, n'en était pas plus avancé ; de Mounier, dont j'ai parlé en dernier lieu, et qui, par le seigle ergoté seul, recouvra la force nouvelle de ses membres inférieurs ? Nous ne savons ; mais l'art eût bien pu être embarrassé sans l'idée de recourir à la substance thérapeutique sur laquelle nous venons encore appeler l'attention des praticiens.

A côté de ces faits, il ne sera pas déplacé de mentionner une observation que M. le docteur Bourgeois a communiquée à la Société de médecine de Paris, dans le courant du mois de janvier 1840 (voir la *Revue médicale*, livraison de janvier 1840). « Je donnais, « dit ce praticien, des soins à une dame âgée de « 28 ans, d'une constitution éminemment lymphatique, « pour une paraplégie dont elle était atteinte depuis « longtemps, sans que la cause de cette maladie soit « connue. Vainement j'avais employé les liniments les « plus excitants, les cautères, les vésicatoires : l'idée « me vint de recourir au seigle ergoté : j'en portai « successivement la dose jusqu'à 60 grains. L'état de « la malade s'est amélioré : elle a pu marcher à l'aide « d'une canne : le mieux s'est soutenu pendant deux « mois. Depuis trois jours, elle éprouve de nouveau « de la faiblesse. J'ai conseillé de nouveau l'ergot à la « dose de neuf grains dans l'eau sucrée, J'aurai soin « d'informer la société du résultat que j'obtiendrai. » — Voilà un fait qui se rapporte parfaitement à mes idées sur l'ergot de seigle.

Je regrette de manquer ici de renseignements suffisants relativement à deux cas de guérison de paraplégie obtenus à l'aide du même remède, sur de jeunes sujets, par M. le docteur Cade, d'Avignon, qui fut encouragé à le prescrire par les observations que j'avais publiées dans la *Revue médicale*. Une surtout était remarquable en ce que l'enfant n'avait que quatre ans, et qu'il était atteint d'une paraplégie complète, survenue sans cause connue, et dont il fut délivré par l'ergot de seigle pris avec quelque persévérance.

On comprend donc que j'avais bien raison de dire

que, par son action stimulante sur la moelle épinière, ce médicament est précieux contre les paraplégies *sine materiâ.* Si même nous avions à formuler, en peu de mots, les cas où il convient contre ces maladies, nous dirions que nous le regardons comme indiqué contre les paraplégies consécutives d'une violente commotion de la moelle épinière, alors que les symptômes primitifs sont passés et qu'il ne reste plus que la paralysie; contre celles qui surexistent à une inflammation de la moelle ou de ses membranes, lorsque les symptômes phlegmasiques locaux sont dissipés; contre celles qui accompagnent quelquefois le mal de Pott, quoique la lésion osseuse vertébrale soit déjà guérie; contre celles où, par suite d'une courbure trop prononcée du rachis, la moelle épinière a perdu une partie de son activité; en un mot, contre les paraplégies qui tiennent moins à une lésion organique qu'à une asthénie fonctionnelle et vitale du centre nerveux rachidien.

Art. II. — *De l'ergot de seigle contre les paralysies de la vessie (ischurie par paralysie.*

On a peu expérimenté jusqu'à ce jour l'action de l'ergot contre les paralysies de la vessie. Quelques médecins observateurs avaient bien eu l'occasion de remarquer, en le donnant aux femmes en travail, que non-seulement il excitait les contractions utérines, mais qu'il semblait encore rendre plus fréquente l'excrétion de l'urine. Seulement au lieu d'expliquer ce phénomène par une excitation de la contractilité vésicale, on préférait l'attribuer à des propriétés diurétiques purement imaginaires. Au reste, la véritable explication ne pouvait guère être donnée, tant qu'on ne connaissait point l'organe sur lequel agissait primitivement l'ergot. Cette connaissance étant, au contraire, une fois acquise, il est devenu patent que la vessie devait être excitée dans sa contractilité, par l'ergot de seigle, aussi bien que les membres inférieurs et la matrice, puisque, comme ces dernières parties, elle reçoit ses nerfs excitateurs des troncs ou plexus qui émanent de la moelle épinière, et que, comme elles encore, elle est de nature musculeuse dans la plus grande partie de sa texture. Il n'y avait dès lors qu'un pas facile à franchir de cette induction théorique à l'emploi pratique de l'ergot contre les paralysies ou affaiblissements de la contractilité de la vessie, et partant contre les rétentions d'urine qui en sont la conséquence. Aussi, mis de la sorte sur la voie des expérimentations, je n'ai pas été étonné qu'elles aient généralement répondu à mon attente, et qu'elles m'aient fourni des résultats curatifs assez satisfaisants pour me faire regarder l'ergot de seigle, dans les cas d'ischurie par paralysie de la vessie, comme le moyen le plus efficace que possédera la matière médicale pour les combattre. Voici, au reste, le récit de plusieurs observations détaillées de ce genre de maladies traitées avec succès par cette substance. Nous appuyerons ainsi la théorie sur l'autorité des faits.

Obs. IX. — *Ischurie sénile rebelle : ergot de seigle, guérison.*

Le nommé Gérard, de Venelles, âgé de 68 ans, reçu à l'hôpital d'Aix, le 28 août 1839, éprouvait depuis un certain temps de la difficulté pour uriner.

Il se décide enfin à venir se faire traiter à l'Hôtel-Dieu, quand son ischurie est devenue presque complète. Le premier et le second jour de son entrée, il put encore, avec de grands efforts, parvenir à évacuer une certaine quantité d'urine ; mais, au troisième, la rétention fut complète, et il y eut dès lors nécessité de recourir au cathétérisme. Ce malade qui, par inadvertance, avait été placé dans les salles de médecine, fut sondé, les quatre premiers jours, par les élèves internes ; et ce ne fut que le 5 septembre, cinquième jour de l'emploi du cathétérisme, que, prévenu du cas, je pus prendre les informations convenables sur la maladie existante. J'appris alors, de la bouche même du malade, que, dès le commencement du mois d'août dernier, plus de quatre mois auparavant, plus d'efforts qu'à l'ordinaire lui étaient devenus nécessaires pour l'émission de l'urine ; que cette difficulté avait été ensuite en progressant de plus en plus, et qu'il n'avait consenti à venir à l'hôpital que pressé par la force de son incommodité.

Après ces renseignements qui me mettaient déjà sur la voie de l'existence d'une ischurie par paralysie vésicale, je voulus explorer l'hypogastre, et je reconnus sans peine une tumeur arrondie, plus large vers le pubis que du côté de l'ombilic, et que formait évidemment la vessie distendue par l'urine. Le malade ayant fait quelques efforts totalement inutiles pour uriner, je pris une sonde en argent, d'un calibre assez fort, laquelle pénétra sans difficulté dans la vessie. Comme cependant la quantité d'urine qui sortit alors ne me paraissait point en proportion avec le volume de la tumeur hypogastrique, j'appuyai la main à plat sur le bas-ventre, et, à l'aide de la pression que j'exerçai, je parvins à en faire couler au moins autant qu'il en était sorti d'abord. J'inférai encore de là un nouvel argument pour le diagnostic de la paralysie vésicale, opinion que M. le médecin de service partageait pleinement lui-même. Certain, par conséquent, que nous avions affaire à une ischurie sénile, produite par l'atonie contractile de la vessie, le cathétérisme ayant été, en outre, inutilement employé les jours précédents, et la théorie, ainsi que quelques faits déjà publiés, m'indiquant que l'ergot de seigle serait administré avantageusement dans ce cas, je priai mon confrère de service de vouloir l'essayer au moins quelques jours. Celui-ci, quoique ne partageant pas ma confiance qui était entière pour ce moyen, voulut bien obtempérer à mes désirs. Il prescrivit, le 7 septembre matin, une potion avec 5 décigrammes de seigle ergoté récemment pulvérisé, à prendre en une fois. — J'eus soin que le remède fut immédiatement administré. (Le malade avait dû être sondé par moi après la visite, comme les jours précédents.)

Vers midi, cinq heures après l'ingestion du remède, je retourne chez le malade : il n'a pas encore uriné ; mais il lui paraît qu'il le pourra sans aide cette fois. Il éprouve effectivement vers l'hypogastre une certaine excitation qui manquait les jours précédents, et qu'il croit devoir attribuer au remède. Cela me parut de bon augure ; aussi, à deux heures de l'après-midi, il put, avec des efforts assez énergiques, uriner sans le secours de la sonde. Il répéta cette évacuation deux fois encore avant la visite du lendemain.

8 septembre. — La même dose du remède est admi-

nistrée. L'expulsion de l'urine parut sensiblement plus facile au malade. Le médecin crut inutile de continuer plus longtemps le remède, quoique l'absence de tout accident et la crainte d'une récidive eussent pu en recommander, pendant quelques jours encore, l'usage. Toutefois, cet homme n'a quitté l'hôpital que dans le courant du mois d'octobre, et cependant le cathétérisme n'a plus été nécessaire chez lui.

Telle est la relation du fait dont nous avons tous été témoins à l'Hôtel-Dieu. Jamais paralysie de vessie mieux caractérisée et plus complète, jusqu'au moment où l'ergot de seigle fut administré. L'action même de cette substance a été si rapide, que nous en aurions douté dans ce cas, si nous avions pu expliquer par un autre moyen le résultat obtenu. Mais si l'on se refusait à admettre que le retour de la contractilité vésicale fut dû au seigle ergoté, il fallait alors l'attribuer à une cessation fortuite et non explicable des accidents, laquelle serait venue coïncider exactement avec l'administration du remède. Or, une pareille interprétation était loin de pouvoir satisfaire. La première nous a paru en tous points préférable et seule rationnelle. On sait, au reste, qu'une dose pareille d'ergot de seigle suffit pour faire réveiller l'activité de l'utérus.

Obs. X. — *Autre ischurie rebelle guérie par l'ergot de seigle.*

M. J., de Lambesc, maître d'hôtel, âgé d'environ 50 ans, avait été traité, dix ans auparavant, d'un rétrécissement urétral par la dilatation et la cautérisation combinées. Depuis cette époque, il était dans l'habitude, de crainte que le rétrécissement ne se reproduisit, de s'introduire lui-même de temps en temps, dans le canal, quelque bougie. Vers la fin d'Août 1839 et au commencement de septembre, il s'aperçut qu'il lui fallait de plus grands efforts qu'à l'ordinaire pour uriner, et que la vessie ne se désemplissait peut-être pas complètement. Enfin, le 8 septembre, l'éjection urinaire est plus faible encore que par le passé: l'urine n'est rendue que goutte à goutte et par une espèce de régurgitation. Le malade veut encore se sonder; mais comme l'introduction de la bougie n'est pas accompagnée de l'émission de l'urine, il pense ne pas être parvenu dans la vessie par la reproduction sans doute du rétrécissement. Appelé auprès de lui, M. le docteur R..., médecin de l'endroit, pensant, d'après les suggestions du malade, ou bien à la reproduction de la coarctation urétrale, ou bien à un engorgement inflammatoire de la membrane muqueuse du canal, croit devoir ajourner toute tentative de cathétérisme et prescrire des bains, des boissons délayantes, une application de sangsues au périnée. Aucun soulagement n'advint de l'usage de ces moyens. Comme il fut dès lors nécessaire d'en venir au cathétérisme, le malade fut bien-aise de faire venir d'Aix le médecin qui l'avait si habilement traité, dix ans auparavant, de son rétrécissement. M'y étant rendu à la place de mon confrère, le 11 septembre, je trouvai le malade souffrant, inquiet et abattu par la douleur et l'idée de la longueur du traitement qu'il pense qu'on devra lui faire subir encore.

L'ayant fait placer sur son lit, afin de mieux reconnaître la nature de la maladie à laquelle j'avais affaire, je trouvai l'hypogastre distendu par la vessie pleine d'urine. Prenant alors une bougie n° 3, je l'introduisis jusque dans la vessie, sans éprouver de notables difficultés. Immédiatement après, je fis glisser une sonde n° 6, qui passa sans résistance prononcée et permit l'évacuation de l'urine. La vessie toutefois ne se vida complétement qu'à l'aide de la pression de la main sur l'hypogastre. Le liquide avait une odeur un peu ammoniacale, et des mucosités quasi-purulentes se déposaient au fonds du vase. Un grand pot d'urine fut ainsi rendu en moins de demi-heure.

Quand nous eûmes reconnu qu'il n'existait pas d'obstacle organique à l'émission de l'urine; que celle-ci en sortant n'était pas poussée au loin; que la vessie, malgré l'algalie, ne pouvait se désemplir entièrement sans la pression de la main, etc., notre diagnostic ne fut pas un instant douteux. Mon confrère et moi nous jugeâmes immédiatement que nous avions affaire à une ischurie produite par la perte de la contractilité vésicale. Il ne restait plus qu'à indiquer le traitement le plus convenable. Mes idées se portèrent immédiatement sur l'emploi de l'ergot de seigle, ce qui fut goûté par mon confrère, qui devait continuer de suivre le malade.

Le docteur R...., le prescrivit donc pour le lendemain : il en donna 5 décigrammes en trois fractions.

15 septembre. — J'ai des nouvelles du malade ; voici ce que m'en écrit mon confrère : « Le malade est tou-« jours souffrant ; il s'inquiète vivement de son état ; « les urines ne peuvent encore s'écouler que par la « sonde : j'ai essayé *seulement dix grains* du remède « qui a paru déterminer des *coliques au bas-ventre*, *à*

« *la région de la vessie.* Le malade s'en alarmant, j'ai « dû suspendre ce moyen qui cependant me *paraissait* « *agir convenablement* et que j'ai grande envie de pres- « crire encore..... Il est bon de vous faire observer « *que la sonde pénètre aisément :* il prend de temps en « temps quelques bains. »

23 septembre. — Malgré le conseil que j'avais donné, dans ma réponse, d'aller plus hardiment avec le seigle ergoté, on n'a pas osé dépasser la dose de 5 ou 6 décigrammes, et encore on ne la pas donné tous les jours. On a cependant remarqué que l'urine est déjetée avec plus de force par la sonde, et même, pendant toute la journée du 22, le malade a pu uriner sans son secours; mais les efforts encore très-considérables qu'il était obligé de faire dans ce but engagèrent à remettre la sonde sur le soir. Celle-ci passait toujours avec facilité. On la laissait à demeure.

29 septembre. Voici ce que m'écrit encore mon confrère : « L'état de M. J. ne s'améliore que fort len- « tement. Avec la sonde, les urines sont expulsées avec « plus de force qu'au début, mais, sans le secours de « cet instrument, il ne peut qu'avec grande peine et « beaucoup d'efforts, donner issue à une petite quan- « tité d'urine sans pouvoir parvenir à vider la vessie. Il « a pris cependant déjà jusqu'à 130 grains depuis le « commencement. Ne serait-il pas à craindre que la con- « tinuation du remède ne produisit chez notre malade « quelqu'un des graves accidents qu'on lui a attribués? »

Cette lettre m'expliqua parfaitement ce qui se passait chez le malade. L'action excitatrice de l'ergot était devenue manifeste; mais elle était faible : toutefois nous ne nous en étonnerons pas en pensant que cent trente grains, divisés en 15 jours, ne donnent pour quotient de chaque jour que huit grains, dose évidemment insuffisante. Mon honorable confrère, intimidé par certaines observations des journaux qui parlent d'empoisonnements produits par cette substance, administrée comme médicament, et n'ayant pas connaissance des faits par moi publiés, où je l'avais administré à dose bien plus élevée sans accidents, ne l'avait donnée, comme on voit, qu'avec une excessive réserve, qui était sans doute très louable dans son but, mais qui ne s'accordait guère avec la maladie que nous combattions.

1er Octobre. Convaincu que si on n'avait pas pu parvenir encore à réveiller la contractilité de la vessie, il fallait en attribuer la cause à la trop faible quantité de l'agent excitateur administré, je prends le parti de me rendre de nouveau auprès du malade, afin de m'assurer par moi-même des faits. Je le trouve levé, assez amaigri, affecté au moral, portant une sonde à demeure. Je m'assure que réellement sa vessie est impuissante à se vider par elle-même. Reconnaissant en même temps que le médicament avait été bien toléré, qu'aucun accident gastrique, sauf peut-être un peu de plénitude, n'avait accompagné son usage, j'insistai pour qu'il fut repris, mais à doses plus fortes, et de la manière que j'avais l'habitude de le prescrire, regardant comme chimériques toutes les craintes relatives à son emploi. Il fut donc décidé que le malade en prendrait, dès le lendemain matin, un gramme en une ou deux fois, et qu'il le continuerait en augmentant les doses : je crus même devoir promettre un succès prochain, si on déviait pas de mes conseils.

Voici maintenant quel a été le résultat obtenu. Je copie textuellement la lettre qu'eût l'obligeance de m'écrire mon confrère, en date du 18 octobre 1839 :

« Monsieur et honoré confrère,

« Il doit bien vous tarder d'avoir des nouvelles de « notre malade. J'ai, pour ma part, beaucoup d'ex- « cuses à vous faire pour le retard que j'ai mis à vous « en fournir. Mais vous n'aurez rien perdu pour at- « tendre, car vous aurez, monsieur, à enregistrer un « succès de plus, que vous pourrez attribuer à juste « titre au seigle ergoté. Je ne crains même pas d'avouer « que le succès eût été plus prompt, si la crainte des « effets délétères que peut produire ce médicament, « selon quelques observations citées dans les journaux « de médecine, ne m'avait retenu et empêché d'aug- « menter les doses de prime-abord, comme je l'ai fait « plus tard sur votre avis. C'est le premier octobre « que j'eus l'honneur de vous voir; dès le lendemain, « la dose de seigle ergoté fut portée à 20 grains, et « continuée ainsi le 3 et le 4. Elle fut portée à 25 grains « le 5, et continuée à cette dose jusqu'au 7 ou 8. « Mais le dimanche, la sonde fut enlevée, le malade « urina sans beaucoup de peine dans la journée; les « urines paraissaient expulsées avec bien plus de force « qu'auparavant. Aussi, malgré les craintes qu'il mani- « festait pour la nuit, je refusai d'introduire la sonde, « et depuis elle n'a plus été nécessaire. Le seigle ergoté « fut encorè continué, mais à dose décroissante. Mr J.... « a pu reprendre ses occupations : les urines coulent « bien; il n'y a point de douleurs, et bientôt il ne

« restera plus de traces d'une si triste et si pénible « affliction. — Recevez, etc. »

La guérison, par le fait, a été aussi complète que possible, comme des renseignements ultérieurs m'en ont donné la certitude.

Voilà donc encore une ischurie des mieux caractérisées, symptomatique d'une asthénie vésicale, opiniâtrement persistante malgré les bains, les sangsues, le cathétérisme souvent répété ou les sondes laissées à demeure, quoique cependant les voies excrétoires fussent libres. On en vient, sur mon avis, à l'emploi de l'ergot de seigle : donné d'abord d'une manière timide, à dose faible et franctionnée, son action, quoique manifeste, est faible également. Mais lorsqu'ensuite il est administré plus hardiment, oh ! alors ses effets sont bien autrement marqués : ils nous procurent prochainement une guérison parfaite.

Obs. XI. — *Autre ischurie commençante, arrêtée par l'ergot de seigle.*

Dans le courant du mois de février dernier, je fus consulté par un prêtre sexagénaire, homme d'études et de retraite, se plaignant d'une certaine gêne dans l'émission des urines qui ne pouvaient être évacuées qu'avec de grands efforts, gêne dont il avait commencé à s'apercevoir plusieurs années auparavant. Il croit aussi que la vessie ne se vide qu'incomplétement, et il a remarqué depuis quelque temps que les urines ont une odeur ammoniacale, et qu'elles déposent au fond du vase. Sa crainte était que ces symptômes ne fussent l'indice de quelque calcul vésical. Ayant eu recours au cathétérisme, je ne découvris aucun obstacle qui expliquât la difficulté d'uriner, ni rien d'anormal dans l'intérieur de la vessie. Il était même facile de remarquer que ce réservoir ne réagissait que faiblement sur le liquide contenu. Le malade me déclara en même temps que, depuis plusieurs années, il avait contracté l'habitude de n'uriner que deux ou trois fois dans les vingt-quatre heures. Ce signe commémoratif et ceux que je remarquais actuellement me firent diagnostiquer, sans hésitation, une paralysie vésicale commençante, assez analogue à celle du sujet de ma première observation, quoique moins avancée ; et ma confiance à l'ergot de seigle me porta à pronostiquer une guérison prochaine de cette maladie, qui inspirait de vives craintes à celui qui en était atteint. Je prescrivis conséquemment six paquets d'un gramme et demi de ce remède, avec la recommandation d'en prendre la moitié d'un, matin et soir, dans un peu d'eau sucrée. Il était en même temps donné avis au pharmacien de ne céder que de l'ergot de bonne qualité et fraîchement pulvérisé.

Dans ce cas encore, le résultat fut heureux et favorable. Quoique l'ergot de seigle n'ait été continué que pendant six jours, ce fut suffisant pour que la vessie recouvrât sa force contractile première. Les urines expulsées en totalité cessèrent bientôt d'être fétides.

Ainsi fut assurée la guérison d'une maladie dont la marche lente avait jusqu'alors masqué la gravité ; car le sujet de cette observation ne se ressent plus aujourd'hui de cette faiblesse de vessie ; et il y a lieu de penser, qu'ayant pris en considération les conseils hygyéniques que je lui donnai pour en prévenir le retour, il ne sera plus exposé à la récidive.

OBS. VII. — *Ischurie consécutive d'un engorgement prostatique ; ergot de seigle, guérison.*

Honoré Clément, de Venelles, était depuis une douzaine de jours malade, lorsque je fus appelé pour aller le voir, le 12 décembre dernier. Je le trouvai très-fatigué, amaigri, altéré, fortement constipé, et de plus ne pouvant évacuer librement les urines. Elles ne sortaient que par regorgement, goutte à goutte, à l'insu du malade, et étaient reçues à mesure dans une vessie attachée à la verge. La main portée sur l'hypogastre percevait une tumeur dure, circonscrite, ovalaire, sourdement sensible à la pression, et évidemment produite par la vessie fortement distendue. On me disait que quelques tentatives de cathétérisme avaient été faites sans résultat, les jours précédents.

Désireux de reconnaître la cause de cette rétention d'urine, je procédai à l'introduction d'une sonde en argent, de calibre ordinaire, laquelle glissa sans trop de peine jusque dans la vessie. Je noterai néanmoins que lorsque l'extrémité interne de l'instrument fut arrivée derrière le pubis, elle dut être dirigée bien en haut à cause peut-être d'un gonflement de la prostate. C'est, au reste, une disposition que l'on voit assez souvent chez les vieillards. Une urine assez fétide s'écoula alors abondante, mais non sans qu'il devînt bientôt nécessaire de favoriser sa sortie par la pression sur l'hypogastre ; et, vers la fin, ce n'était même plus qu'une matière purulente, glutineuse, qui avait de la peine à traverser le tube métallique.

Quoique je n'eusse pas éprouvé de difficulté bien notable pour introduire un cathéter assez volumineux, il me parut néanmoins, d'après la manière dont on m'exposa le début de la maladie, qu'il fallait en attribuer l'origine à un engorgement prostatique instantanément survenu. Le manque de contractilité, que la vessie conservait encore d'une manière très intense, s'expliquait alors par la distension trop longtemps prolongée de ses parois. Je crus devoir, pour principale indication, laisser à demeure une sonde de gomme élastique.

Tisane et lavement émollient.

19 décembre. — Je suis encore mandé auprès du malade. La vessie était dans le même état que la première fois, c'est-à-dire encore distendue et incapable de se vider par elle-même. L'excédant du liquide continuait à fluer au dehors par regorgement La sonde n'avait pu être gardée que pendant dix-huit heures.

Je sonde encore le malade sans éprouver de difficulté; et, comme la première fois, il devient encore nécessaire d'appuyer sur l'hypogastre pour faire évacuer le liquide. Je ne pouvais plus mettre en doute l'atonie des parois de la vessie comme cause de cette ischurie. Que celle-ci, en effet, fut due primitivement à un engorgement de la prostate, l'introduction devenue facile des sondes démontrait que ce n'était plus là l'obstacle à la sortie de l'urine. Je crus donc indiqué de recourir au médicament que l'expérience m'avait démontré doué de la propriété de réveiller les contractions vésicales. Je prescrivis plusieurs paquets de 12 décigrammes chacun d'ergot de seigle que le malade commença à prendre dès le lendemain en deux fois. 4 Jours après, nous en élevâmes la dose à 15 décigrammes.

Nous eûmes mis la main sur le vrai moyen curatif.

Deux jours après, le malade put, avec des efforts, expulser seul les urines. Il le put plus facilement encore après, jusqu'à ce qu'au huitième jour nous crûmes devoir suspendre l'ergot.

Pendant quelques temps encore les urines restèrent un peu purulentes, parce que la cystite chronique qu'avait occasionnée l'ischurie ne put se dissiper immédiatement. Mais enfin, la guérison de la vessie s'est complétée.

A ces quatre observations, que seules je pouvais produire, il y a quelques mois, il me sera permis aujourd'hui d'en joindre une autre non moins intéressante, plns intéressante même à mes yeux, en ce qu'elle contient une double guérison, à l'aide de l'ergot de seigle, d'une ischurie par paralysie de la vessie, et d'une constipation plus que rebelle par la paralysie concommitante du rectum. En voici la relation :

Obs. XIII — *Paraplégie ancienne : paralysie de la vessie et du rectum ; guérison par l'ergot de seigle de la paralysie de ces deux organes.*

Le nommé Lautier, du village de Venelles, homme âgé d'environ 45 ans, très fort et adonné aux boissons, fut porté à l'Hôtel-Dieu d'Aix, vers le commencement de septembre dernier. Il était atteint d'une paraplégie très marquée qui avait commencé à se produire, plus de six mois auparavant, par une diminution lentement progressive de la force locomotive des membres inférieurs. Il ne lui était déjà presque plus possible d'exécuter des mouvements volontaires à ces membres, dont cependant la sensibilité était à peine légèrement obtuse.

Seulement parfois un tremblement involontaire s'en emparait. Quelques douleurs sourdes, auxquelles le malade n'avait prêté que peu d'attention, avaient existé et existaient même encore, quoique plus faibles, le long de la colonne vertébrale. Il y avait aussi, au moins depuis quelque temps, une constipation opiniâtre.

M. le docteur F..., alors chef du service médical, à qui, en cette qualité, ce malade avait été confié, diagnostiqua avec raison quelque affection chronique de la moelle épinière, et, dans cette vue, il prescrivit, dès le début, une saignée générale abondante; des ventouses scarrifiées en grand nombre furent appliquées ensuite le long de la colonne vertébrale; et quelque temps après celle-ci une dizaine de moxas, en diverses reprises, sur les côtés du rachis. A l'intérieur, cinq centigrammes d'aloès par jour étaient donnés dans l'intention de provoquer un flux hémorhoïdal. Telle fut à peu près la médication énergique employée par notre honorable confrère.

Elle ne produisit cependant aucune amélioration dans l'état du malade relativement à sa paralysie. Ses membres inférieurs ne recouvrèrent aucune force; et, dès le 16 septembre, le malade, qui depuis longtemps était obligé à plus d'efforts que précédemment pour l'émission de l'urine, ne put plus y procéder seul, et on fut obligé de le sonder le matin et le soir.

Le cathétérisme devint encore nécessaire les jours suivants. Je pus cependant m'assurer, en sondant le malade moi-même, qu'aucun obstacle organique ne s'opposait à la sortie de l'urine. Le cathéter n° 2 de M. Mayor, dont je me servais, pénétrait facilement. Je remarquais également que si quelquefois je me rendais un peu tard auprès du malade pour le sonder, je trouvais la vessie très distendue par l'urine, sans que cette douleur si vive, qu'occasionne la dilatation forcée de cet organe, se fît ressentir. Tous ces signes étaient éivdemment les indices d'une paralysie de la vessie ou d'un affaiblissement très notable de sa contractilité et même de sa sensibilité organique. L'état de constipation plus qu'opiniâtre de cet homme devait aussi nous faire présumer que l'intestin rectum prenait part à l'état asthénique du réservoir urinaire et des membres pelviens. Depuis une douzaine de jours aucune selle n'avait été poussée.

20 Octobre. L'excrétion de l'urine, pendant les quatre jours précédents, n'a pu s'opérer qu'à l'aide du cathétérisme. Voulant cependant parer à la paralysie vésicale, cause de cette ischurie, M. le docteur F..., prescrivit, pour le jour même, 50 centigrammes d'ergot de seigle en poudre, pour être donnés immédiatement après la visite, dans cent grammes de véhicule. Quoique ce praticien crut aux propriétés stimulantes de l'ergot sur le système nerveux spinal, ce remède ne lui parut pas contr'indiqué, parce qu'il avait préalablement agi contre tous les symptômes actifs qui avaient pu exister du côté de la moelle épinière. Il fut encore nécessaire, ce jour-là, de sonder trois fois le malade.

21 Octobre. Lautier a été sondé avant la visite. Il est encore soumis à la même dose de l'ergot. Dans le jour et quelque temps après avoir pris son remède, il éprouve une certaine impatience du côté de la région hypogastrique. Il lui semble qu'il aura dorénavant la force d'uriner sans le secours de la sonde.

Effectivement dans l'après-midi, l'urine sort spontanément à sa grande satisfaction. Pendant la nuit qui suivit, une selle copieuse fut poussée. A dater de ce jour, le cathétérisme n'a plus été nécessaire: les selles sont devenues quotidiennes. Le remède fut encore continué jusqu'à la fin du mois, aux doses de 50, 60 et 80 centigrammes, sans incommodité pour le malade.

Lorsque je demandais à celui-ci ce que lui fesait éprouver ce médicament, sa réponse était qu'il donnait de la force à sa vessie pour expulser l'urine, et qu'il le fesait venir du corps. Cette explication rationnelle lui était suggérée par le résultat qu'il obtenait.

Quant aux membres inférieurs, je n'oserais pas dire qu'ils aient recouvré quelque force par l'emploi du remède. Quoique le malade crut les reconnaître un peu moins lourds, le fait n'a pas été pour moi assez évident pour que je doive le constater. Mais ce qui est à mes yeux incontestable, c'est la cessation des symptômes paralytiques de la vessie par l'usage de l'ergot. Et relativement au rétablissement du cours des selles, nous le regardons encore comme l'effet du même remède. L'action excitatrice, que celui-ci avait évidemment opérée sur la vessie, s'était également effectuée sur le rectum. Car si, vers la fin, l'aloès fut donné à la dose de 15 et même 20 centigrammes, celle-ci n'était encore que de cinq, lorsque les selles se rétablirent, en même temps que le cours de l'urine: il nous a donc paru rationnel de regarder ces effets qui se produisaient simultanément comme provenant d'une même cause, savoir de la stimulation produite par l'ergot de seigle sur la contractilité fibrillaire de la vessie et du rectum, stimulation qui, au reste, n'était elle-même que l'effet de la stimulation primitive opérée sur la moelle épinière.

Aurait-il fallu, dans ce cas, pour obtenir un résultat manifeste sur les membres inférieurs, donner l'ergot à dose plus forte et plus continue? C'est ce que je ne me permettrai pas d'examiner ici. Il doit me suffire de constater le fait tel qu'il s'est passé. Il est ainsi assez remarquable et assez en faveur de ma théorie sur l'action thérapeutique de l'ergot de seigle.

Ayant quitté mon service à l'Hôtel-Dieu d'Aix en fin septembre, et m'étant alors absenté de cette ville pendant une quinzaine de jours, j'ai été, à mon retour, aux informations sur la santé de Lautier, et je n'ai pas été étonné d'apprendre que, le 12 octobre, il était mort avec tous les symptômes d'une apoplexie foudroyante. On me fit observer toutefois que le cathétérisme n'avait plus été nécessaire et que la constipation ne s'était plus reproduite. — L'autopsie ne fut pas faite.

Ces cinq observations ne constituent pas, il est vrai, un faisceau de faits imposant par le nombre. Toutefois, qu'on veuille bien les méditer, et on pourra se convaincre que, dans les unes comme dans les autres, des paralysies vésicales existaient, et qu'elles ont cédé à l'usage de l'ergot de seigle. On voudra, dès lors, tenter d'imiter notre conduite en recourant à ce remède dans des cas pareils. On le fera d'autant plus volontiers qu'il y a vraiment lieu de se décourager de la lenteur d'action, pour ne pas dire de la presque inutilité des moyens qu'on emploie généralement alors.

Indépendamment au reste de ces cinq faits que j'ai cités et que j'ai observés moi-même, je pourrais rappeler qu'en novembre 1838 M. Allié fils publia, dans le journal des Connaissances Médico-Chirurgicales, un travail auquel on n'a peut-être pas assez fait attention, et qui est relatif à l'ergot de seigle contre certaines rétentions d'urine. Quoique, dans ce travail, ce médecin ne cherche pas à reconnaître le mode d'action de l'ergot dans ces circonstances, les quatre guérisons obtenues par lui n'en sont pas moins remarquables. D'un autre côté, M. Thériano, médecin à Corfou, nous apprend, par le journal de Chimie et de Toxicologie (mai 1839), qu'ayant lui-même éprouvé pendant quelque temps une grande difficulté pour uriner, il pensa de s'administrer l'ergot de seigle, en se basant sur cette réflexion que, comme cette substance peut déterminer l'expulsion du fœtus de dedans la matrice, elle peut agir de la même manière pour l'évacuation de l'urine hors de la vessie. Ayant donc fait infuser 6 grammes de seigle ergoté, uni à autant de thé vert, dans une livre d'eau bouillante, il but de cette infusion refroidie trois grandes cueillerées de quart d'heure en quart d'heure, commença à uriner au bout d'une heure, et obtint une complète guérison.

Je lis encore, dans le journal de Médecine et Chirurgie-Pratiques, art. 1920, une autre application de l'ergot de seigle pour réveiller les contractions vésicales. M. Guersant, ayant pratiqué une opération de lithotritie, à l'infirmerie de Bicêtre, chez un vieillard de 72 ans, s'aperçût que le malade ne rendait qu'une très-petite quantité de fragments, bien qu'avec la sonde on en sentit un amas derrière la prostate. Ayant alors prescrit un gramme et demi d'ergot à prendre en trois fois dans la journée, dans le but de donner du ton à la vessie, ils n'eurent aucun effet le premier jour ; mais le lendemain, la dose ayant été portée à 15 décigrammes, il survint des envies fréquentes d'uriner, de la douleur à l'hypogastre, des fourmillements dans les membres, et enfin, au bout de cinq jours seulement de l'usage de l'ergot, le vieillard commença à rendre des fragments, et la quantité qui fut expulsée en vingt-quatre heures fut trois fois plus considérable que celle qui était sortie depuis l'opération.

Les mêmes effets physiologiques accompagnèrent l'emploi de l'ergot, quand plus tard on en vint de nouveau à son usage chez le même sujet.

Un second fait tout à fait semblable est encore mentionné par M. Guersant.

Comme on le voit, nous ne sommes pas les seuls à avoir administré l'ergot dans les paralysies ou affaiblissements de la force tonique de la vessie. Mais au lieu de regarder, comme nos confrères, l'ergot de seigle comme un spécifique direct de la matrice ou de la vessie, ou comme un agent diurétique, nous lui reconnaissons une action directe et primitivement produite sur la moelle épinière et sur les nerfs qui en partent. Son action sur la vessie est donc pour nous une action de transmission.

La vérité de cette assertion est surtout démontrée par la treizième observation.

On comprend donc que, de cette propriété excitatrice de l'ergot de seigle, il résulte que, si cette substance peut s'adapter au traitement de certaines rétentions d'urine, ce n'est que pour celles qui sont dues à un état purement asthénique ou à la perte de la force contractile de la vessie.

Or, si l'on pense que c'est dans cette catégorie que viennent se ranger : 1° l'ischurie sénile dans laquelle, par suite des progrès de l'âge, la vessie a perdu sa contractilité réactive ; 2° l'ischurie provenant de la mauvaise habitude, soit de garder trop longtemps l'urine par distraction, par honte, par pudeur, soit de ne pas prendre, par vivacité de caractère, le temps de vider complètement la vessie, causes qui, à la longue, atténuent son action et la paralysent ; 3° l'ischurie occasionnée par la distension forcée et trop prolongée du réservoir des urines par le développement de quelque obstacle accidentel, d'un engorgement de la prostate, par exemple, à la suite duquel on remarque quelquefois l'abolition de la puissance réactive de la vessie sur les urines ; 4° l'ischurie enfin symptomatique de quelque état asthénique de la moelle épinière, comme l'était celle du sujet de la treizième observation, on comprend que la part réservée aux applications de l'ergot de seigle est encore assez étendue. Nous avons vu aussi l'ingénieux emploi qu'en a fait M. Guersant pour exciter la vessie à se débarrasser des débris de calculs à la suite de la lithotritie. Ce sont là tout autant d'applications heureuses de l'emploi de cett e substance.

Comme cependant la vérité seule dans les faits que j'ai observés peut les rendre utiles à la science, j'ajouterai que, dans le premier trimestre de l'année 1839, il s'est présenté dans nos salles un vieillard assez robuste, malgré ses 85 ans, pour se faire guérir d'une rétention d'urine dont il avait été subitement pris dix jours auparavant. Soumis à l'usage de l'ergot de seigle pendant six jours, aux doses de 12, 15 et 20 décigrammes, il éprouva, au bout de vingt-quatre heures, des envies d'uriner évidemment plus fortes ; un jour même il put seul expulser une partie des urines. Mais nous n'obtînmes pas complet le résultat que l'absence d'obstacles au canal nous avait fait espérer. Faut-il attribuer cet insuccès à la grande vieillesse du sujet, à la mauvaise qualité de l'ergot, à un manque d'aptitude de l'économie à l'action du remède? Nous ne savons. Ce qui est certain, c'est que malgré le cathétérisme répété, malgré des sondes volumineuses laissées à demeure, malgré des frictions stimulantes sur l'hypogastre, le malade avait encore son ischurie quand il est retourné dans son village.

ART. 3. — *De l'ergot de seigle contre les paralysies de l'intestin rectum.*

Je n'ajouterai rien à ce que j'ai déjà fait pressentir sur les avantages qu'on peut percevoir de l'emploi de l'ergot contre certains états atoniques ou de paralysie de l'intestin rectum qui, par la perte de la force contractile de ses fibres musculaires, peut occasionner des rétentions de matières fécales, par le même mécanisme qu'a lieu la rétention de l'urine dans l'ischurie par paralysie vésicale. Quoique, comme je l'ai déjà fait remarquer, les applications doivent en être rares, elles peuvent néanmoins se présenter, comme tend à le démontrer la treizième observation qui, si elle n'avait pas été encore relatée, aurait trouvé naturellement sa place ici.

ART. 4. — *De l'ergot de seigle contre l'inertie utérine et les états pathologiques qui en dépendent.*

S'il était devenu nécessaire, à cause du peu de faits connus encore, de démontrer, par des observations, les bons effets que l'ergot pouvait produire contre les paraplégies et les paralysies de la vessie et du rectum, il ne saurait en être de même par rapport à certains états morbides de la matrice contre lesquels cette substance a été bien souvent administrée ; car, dans ces cas, l'expérience s'est trop prononcée en sa faveur. Comme cependant quelque vague règne encore touchant certaines de ses applications dans ces maladies, je vais tâcher d'éclaircir cette matière à l'aide des notions que nous possédons sur son mode d'agir.

L'ergot de seigle étant, par le moyen des nerfs utérins, un agent excitateur de la matrice, un stimulant de sa contractilité, on conçoit que son emploi doit être réservé pour les maladies de cet organe qui se lient à un état d'asthénie ou plutôt d'inertie utérine, en prenant ce dernier mot dans son sens le plus étendu, savoir comme significatif de l'affaiblissement de la force tonique de la matrice ou de sa contractilité. Il nous suffira de parcourir le cadre des diverses applications de l'ergot aux affections utérines, pour comprendre qu'en effet c'est dans cet état que se classent les diverses indications de son emploi.

1° On sait qu'un des effets les plus fréquents de l'inertie utérine, c'est la suspension des douleurs ou de la contraction de la matrice, pendant le travail de l'accouchement, suspension qui dépend tantôt d'une asthénie purement locale, la femme conservant encore toutes ses forces, et tantôt de l'épuisement que procure une parturition pénible et longtemps continuée, la matrice alors excédée tombant dans un état d'impuissance complète qui ne lui permet plus de réagir sur le corps à expulser. Or, lorsqu'un pareil état existe, le rôle de l'accoucheur est de réveiller les contractions utérines, et même de se hâter d'atteindre ce but, s'il y a lieu de présumer que, par la rareté et la faiblesse des douleurs, ou mieux encore par leur absence totale, l'accouchement sera démésurément long. Notre manière d'envisager l'action de l'ergot nous met tout de suite en voie de le recommander dans ce cas; et en cela, nous nous accordons pleinement avec ce que l'expérience a depuis longtemps sanctionné. On peut dire, en effet, sans erreur, que l'immense majorité des praticiens recourt alors à l'ergot de seigle avec autant de confiance qu'ils recourraient à l'opium pour calmer des douleurs, ou à la scille et à la digitale pour pousser aux urines. On remplit ainsi directement le but désiré en substituant aux contractions naturelles qui manquent celles de même nature que provoque le seigle ergoté. Administré dans des cas de ce genre, il est très-commun de voir promptement de vives douleurs utérines se manifester après un travail ralenti ou suspendu depuis un temps plus ou moins long, et l'accouchement s'effectuer en peu d'instants. L'expérience démontre, en effet, que les contractions qu'il excite se déclarent de huit minutes à demi-heure (1).

Mais il ne faut point oublier que ce n'est pas d'une manière aveugle qu'il doit être administré pour hâter l'accouchement. Agent thérapeutique puissant, il doit à l'énergie même de ses propriétés d'être utile ou préjudiciable suivant la manière dont les indications qui

(1) Sur 18 cas, Ollivier-Prescot, a vu cette action se manifester une fois après 8 minutes, sept fois après 10, trois fois après 11, trois fois après 15, quatre fois après 20.

le recommandent sont saisies. Si, en même temps qu'il y a suspension des douleurs utérines dans la parturition, on reconnaît que le bassin est bien conformé ; que les parties molles n'offrent elles-mêmes aucun obstacle réel ; que le col de l'utérus dilaté est en même temps mou, exempt de rigidité ; que la poche des eaux est rompue, et qu'il y a une présentation naturelle de la tête ; que celle-ci est avancée dans le détroit supérieur et même dans l'excavation ; que la femme peu irritable a eu déjà les parties que doit traverser l'enfant distendues par des accouchements antérieurs, et qu'il ne manque à celle-ci que les contractions utérines pour se débarrasser du fœtus, il n'y a pas lieu de balancer à administrer l'ergot. On sera même dans les conditions les plus favorables, et, loin d'avoir à redouter des accidents, on sera utile à la mère et à l'enfant, en les délivrant tous les deux promptement des lenteurs d'une parturition suspendue. Il est même vrai de dire que toutes ces circonstances favorables ne sont pas rigoureusement nécessaires pour l'administration de cette substance. Si l'on aime alors sans doute de trouver une présentation par la tête, il ne faut pas ignorer d'autre part que M. Levrat-Perraton et d'autres après lui ont eu à se louer de l'avoir donné dans des cas de présentation podalique, de telle façon qu'on doit dire d'une manière générale qu'on peut recourir à l'ergot dans tous les cas où l'accouchement pourrait se terminer par les efforts de la nature, s'ils étaient assez énergiques, ou en d'autres termes, lorsque l'absence des contractions utérines est le seul obstacle à l'expulsion de l'enfant. Quant ensuite aux applications particulières, c'est au génie et à l'expérience du médecin accoucheur de distinguer leur opportunité.

2° On s'est encore demandé si les convulsions puerpérales constituent un obstacle à l'emploi de l'ergot ; et, à ce sujet, les opinions ne sont pas encore tout à fait d'accord. Cependant il nous paraît que la connaissance de son mode d'agir est propre à guider, dans ce cas, la conduite des praticiens. On comprend, en effet, qu'il devra être indiqué s'il est reconnu que l'état convulsif coïncide avec un état de paresse utérine qui retarde l'accouchement. Pouvant alors, en effet, détruire la cause, il fera cesser par là même l'effet ou l'état convulsif.

Comme ensuite les conclusions puerpérales tiennent souvent à l'état de plénitude de la matrice, à la longueur de l'accouchement et à l'irritation utérine qui en est la conséquence, quelques accoucheurs, M. Duparque entre autres, n'ont eu, dans ce cas, qu'à se louer de l'administration de l'ergot qui, en réveillant les coetractions de la matrice ou les activant, l'aidait à se débarrasser du corps dont la présence occasionnait l'état convulsif. D'un autre part, M. Bayle, dans le travail touchant le seigle ergoté qu'il a inséré dans la *Bibliothèque de Thérapeutique*, énumère cinq observations d'accouchements compliqués de convulsions où l'ergot, faisant terminer le travail qui restait stationnaire, a en même temps fait cesser l'état éclampsique.

De ces faits, il doit être conclu que les convulsions puerpérales ne contre-indiquent pas par elles-mêmes l'usage de l'ergot. C'est au praticien à savoir reconnaître si rien dans l'état de la femme ne peut mettre obstacle à son administration. Voici une observation extraite de ma pratique qui peut se rapporter aux cas dont il s'agit :

Mme......, sanguine, très-nerveuse, ayant été plusieurs fois sujette à des convulsions, et mère déjà, avait les douleurs de l'accouchement depuis vingt heures, mais lentes et faibles. Depuis huit heures le col utérin offrait la dilatation d'une pièce d'un franc. Cependant le toucher permettait de reconnaître une bonne position de la tête de l'enfant. Des douleurs se déclaraient bien de temps en temps, mais c'était des douleurs de reins ou des douleurs lombaires qui étaient sans effet sur la matrice. Elles fatiguaient même inutilement la malade dont les yeux se mouillaient de larmes d'impatience en voyant tant de lenteur dans ce travail. Mais, voilà que tout à coup sa figure s'anime, sa tête se renverse, son cou se gonfle, ses yeux roulent dans leur orbites, les dents grincent, les membres se roidissent et tremblent, et peu après la malade immobile ne répond plus aux questions qui lui sont adressées. — Je crains d'assister au commencement d'une éclampsie : cette appréhension était d'autant plus fondée que, dans un accouchement précédent, des convulsions graves s'étaient déclarées. Cet état cessa cependant au bout de cinq ou six minutes.

Certain que la lenteur du travail de l'enfantement et les fausses douleurs qui se manifestaient sans profit étaient la cause de l'état convulsif qui m'inspirait, ainsi qu'aux assistants, des craintes sérieuses ; convaincu, d'autre part, que l'indication la plus importante à remplir était de hâter l'accouchement, attendu que le col utérin était souple, j'administrai, sans retard, un gramme d'ergot de seigle, qui fut pris en deux fois à dix minutes d'intervalle. Peu après, dans quelques minutes, une nouvelle crise nerveuse semblable à la première se déclare encore, et se termine par une abondante effusion de larmes.

Cependant l'action du remède se fait sentir prochainement : un quart d'heure après son ingestion, une bonne douleur, telle qu'il n'en était pas survenu de pareille pendant toute la nuit, se déclare et vient ranimer l'espoir de la malade. Elle est le prélude de beaucoup d'autres qui la suivent fortes et fréquentes. Une heure à peine s'était écoulée depuis l'administration de l'ergot, lorsqu'un enfant à terme et volumineux naquit plein de vie et de santé. Pendant ce temps, il n'y eut plus de traces de convulsions.

Il ne saurait, ce me semble, devenir douteux que, dans ce cas, l'ergot de seigle n'ait réveillé les véritables douleurs utérines, et, en activant le travail languissant et même suspendu, n'ait mis fin à un état convulsif qui eut pu avoir les suites les plus graves.

3° Un autre effet de l'affaiblissement des forces toniques de l'utérus, c'est le retard de la sortie du délivre, quelle qu'ait été la cause de cet affaiblissement. Les contractions qui doivent produire le décollement et l'expulsion du placenta n'existant pas ou étant trop faibles et trop éloignées, il y a pleine indication de recourir aux moyens qui peuvent réveiller la force contractile de la matrice : car, si dans ce cas, on fesait des tractions un peu fortes pour retirer le délivre, on produirait presque infailliblement le renversement de l'utérus, si les adhérences du placenta résistaient ; et, dans le cas contraire, on aurait à craindre une métrorrhagie toujours inquiétante. Or, c'est encore ici que l'ergot de seigle, en vertu de la propriété que nous lui avons reconnue, devient parfaitement indiqué. Administré alors seul ou associé aux autres moyens conseillés généralement, il contribue puissamment à réveiller les contractions qui décollent le placenta et préludent à son expulsion prochaine. Les observations sont déjà nombreuses qui témoignent de son efficacité dans cette circonstance. — Nous pourrons en dire autant de son utilité pour aider la matrice à se débarrasser du placenta, que son volume ou sa forme retiennent dans la matrice, ou dont la sortie ne peut être favorisée par des tractions suffisantes sur un cordon ombilical trop faible ou trop peu consistant. — Disons donc, en un mot, que toutes les fois que le manque ou l'insuffisance des contractions utérines occasionnent la rétention du délivre, l'usage de l'ergot sera indiqué. C'est là un point de pratique que de nombreux témoignages ont déjà suffisamment éclairci.

4° On a eu encore l'heureuse idée de mettre à contribution la propriété qu'a l'ergot de provoquer les contractions utérines, pour débarrasser plus facilement sa cavité des corps étrangers qui y étaient contenus, tels que caillots sanguins, môles, etc. Le succès a souvent couronné ces tentatives. Quelques praticiens ont même utilisé cette substance pour parvenir plus sûrement à l'excision des polypes utérins. Je rappellerai à ce sujet une observation fort curieuse, communiquée par le docteur Montegnie, médecin à Mons, aux Annales de la société de Médecine de Gand, dans le courant de 1839. Ce praticien, appelé auprès d'une malade qui éprouvait de fortes douleurs dans les aines, les lombes, le pubis; qui de plus avait un écoulement vaginal abondant, et se trouvait dans un état d'affaiblissement prononcé, n'eut pas de peine à reconnaître, par le toucher, un corps dur, très-résistant, arrondi et volumineux, qui était engagé dans le col de la matrice dilaté, lequel formait un bourrelet tout au tour. Il diagnostiqua sans peine un polype utérin, malgré l'opinion de quelques collégues qui croyaient à une descente de matrice. Or, cette dame éprouvant depuis quelques jours de véritables douleurs expultrices, le médecin saisit cette indication et administre l'ergot de seigle pour les favoriser. Il en fut pris 4 grammes dans deux jours. Sous l'influence de cet agent excitateur, la matrice, dont les douleurs se réveillèrent énergiques, finit par chasser, jusqu'à l'ouverture des grandes lèvres, le polype qui était du volume d'une orange, d'un tissu fibreux très-dense, rugueux et excorié à sa surface. On sentit bientôt, à travers le museau de tanche largement dilaté, le fond de la matrice et l'implantation du polype sur ce point, ce qui permit d'en faire facilement l'excision, après en avoir étreint le pédicule par une ligature.

Cette observation est propre à encourager les chirurgiens à imiter la conduite de M. Montegnie, si un cas pareil se présentait dans leur pratique.

5° Le seigle ergoté doit-il être employé contre les hémorrhagies utérines? L'état de la science permet de répondre affirmativement pour la généralité des cas. Nous savons en effet, que le docteur Atlec, à Philadelphie; le professeur Bigeschi et M. Balardini, en Italie; M. Guillemet, en France, etc., s'appuyant sur la foi de leurs essais, l'ont recommandé comme un des moyens les plus efficaces pour combattre les métrorrhagies à la suite des accouchements. Depuis les faits publiés par ces médecins, beaucoup d'autres se sont fait connaître, entre autres les observations de MM. Ollivier, Doumère, Delaporte, Levrat-Perraton, Duparcque, Paul Dubois, etc., tendant toutes à conseiller cet agent thérapeutique pour la même indication. Et, non-seulement on l'a recommandé contre les métrorrhagies puerpérales, mais encore contre celles qui ne l'étaient pas, lorsque ces dernières ne se liaient point à un excès d'irritation de la matrice. Ainsi, voyons-nous que dans la statistique que M. Bayle a dressée, dans sa Bibliothèque de Thérapeutique, relativement aux faits publiés jusqu'à ce jour touchant l'ergot de seigle employé contre les métrorrhagies, il est question de vingt-quatre hémorrhagies puerpérales qui toutes furent arrêtées par l'ergot, et de quarante-six non puerpérales, dont deux seulement persistèrent. Lorsque les chiffres parlent de la sorte, on ne saurait s'empêcher de convenir de ses propriétés anti-métrorrhagiques.

Lorsque, au reste, ce médicament est ainsi recommandé, on ne saurait point entendre qu'il fallut toujours s'en tenir seulement à son administration. Ainsi, dans ces cas d'hémorrhagies graves qui, par leur abondance, peuvent tuer rapidement, il y a ordinairement et toujours indication, sans négliger, si on veut, l'ergot, de s'adresser à des moyens plus expéditifs. C'est au génie de l'homme de l'art à saisir à propos les indications qui doivent alors le diriger, pour conjurer une catastrophe incessante. C'est, au reste, parce qu'il est agent contractile de l'utérus, que l'ergot est anti-métrorrhagique. De là, sa contre-indication dans les métrorrhagies actives, à moins qu'on n'ait, au préalable, combattu ou laissé se dissiper l'hypersthénie de la matrice.

6° La leucorrhée est encore une des maladies utérines contre lesquelles l'ergot de seigle a été administré, et, dit-on, avec succès. D'après le docteur Bazzoni, sur huit malades, dont la plupart souffraient d'écoulements abondants et qui duraient depuis longtemps, sept furent guéries.

M. le docteur H. Belloc, d'autre part, déclare avoir vu lui-même, à l'Hôtel-Dieu de Paris (1), ce médicament arrêter, la plupart du temps, les écoulements leucorrhéiques contre lesquels il était administré. Ces témoignages encouragent à ne pas en négliger l'emploi dans des circonstances pareilles. Au reste, l'action tonique qu'exerce l'ergot sur l'utérus explique fort bien comment ces écoulements, le plus souvent produits par un état asthénique de la matrice, peuvent heureusement être modifiés par une substance qui a la propriété d'exciter les contractions fibrillaires de cet organe.

7° Disons aussi que le docteur Enrioti, médecin à Biella, et quelques autres après lui, ont publié des faits relatifs à l'emploi avantageux de l'ergot dans l'aménorrhée, à cause sans doute que celle-ci est entretenue ou causée le plus souvent par un état asthénique de la matrice. Stimulant naturel de cet organe, son action anti-aménorrhéique se comprend par cette

(1) Journal des Connaissances Médico-Chirurgicales, 3me année, pag. 288.

qualité même. De là, l'indication de ne pas l'administrer si l'aménorrhée dépendait d'un état de phlogose ou de congestion utérine. Il nous paraît toutefois que, dans l'aménorrhée par inertie utérine, les ferrugineux, qui ont une action tonique sur tout l'organisme, pourraient offrir de plus sûres garanties.

8° Il est encore quelques maladies contre lesquelles on a voulu employer l'ergot, et, au dire des expérimentateurs, ce n'aurait pas été sans succès. On l'aurait ainsi préconisé contre l'hémoptysie, l'épistaxis (Helliot, de Stokolm et Huss); contre les diarrhées chroniques (Stout); contre l'œdème des extrémités inférieures (M. Courhaut); contre les fièvres intermittentes (Mulhausen); contre l'hystérie (M. Louicière). Quoique devant l'expérience et l'observation nous inclinions volontiers notre raison, cependant, après avoir parcouru attentivement les faits publiés à ce sujet, et avoir nous-même fait quelques essais rares pourtant, dont le résultat a été nul, comme nous nous y attendions, nous pensons qu'ils n'ont pas assez de valeur pour mériter croyance, et que ces auteurs, déjà dominés par des idées préconçues, auront attribué à l'ergot des guérisons dépendantes plutôt d'autres moyens employés simultanément ou des seuls efforts de la nature. De ce que l'ergot de seigle arrêtait les hémorrhagies utérines ; de ce qu'il accélérait l'expulsion des urines ; de ce qu'il fesait cesser quelquefois l'éclampsie en hâtant l'accouchement, etc., on aura conclu à des propriétés astringentes, diurétiques ou anti-convulsives. De là, l'idée de l'employer contre les pertes sanguines de toute nature, les flux muqueux, les convulsions autres que les puerpérales, etc. Mais comme ces maladies sont tout à fait hors de la sphère des états morbides sur lesquels l'ergot de seigle, d'après la connaissance que nous avons de son action, peut réellement avoir de l'effet, on doit, ce nous semble, considérer ces propriétés comme à peu près chimériques, et comme adoptées par un engoûment non raisonné.

§ IV. — *De quelques objections faites à l'ergot de seigle.*

Après m'être ainsi occupé des avantages qu'on peut tirer de l'ergot de seigle, je ne saurais me passer de dire un mot sur quelques objections qui sont faites à cette substance, et qui, si elles étaient fondées, ne manqueraient pas d'être assez graves pour détourner souvent de son emploi. Ainsi, on lui a reproché de produire quelquefois l'inflammation de l'estomac, sa gangrène, celle de quelqu'autre partie du corps, l'inflammation de la matrice, celle du péritoine, la déchirure du périnée, de l'utérus, la mort de la femme, de l'enfant, et enfin d'être un abortif dangereux. Des observations même, bien rares à la vérité, sont de temps en temps consignées dans les journaux de médecine, qui sembleraient prouver en faveur de ces assertions. Eh bien ! nous ne croyons point du tout à la vérité de ces reproches, quand l'ergot est prescrit en temps opportun et avec les précautions que demande l'administration d'une substance médicinale quelconque. Et notre opinion à nous, qui depuis plusieurs années l'employons d'une manière large et continue, peut avoir quelque valeur en cette matière. Or, nous n'avons jamais eu à déplorer jusqu'à ce jour d'accident d'aucune espèce ; car nous ne saurions regarder comme tels, quelques envies de vomir, quelques légères pesanteurs de tête qui suivent quelquefois son administration. Ainsi, quant à l'inflammation de l'estomac, nous ne l'avons jamais vue survenir par suite de son usage, bien moins encore la gangrène de cet organe : nous mettons même sérieusement en doute s'il y a, dans cette substance, quelque chose d'irritant, puisque, quoique nous l'ayons donnée pendant plus d'un mois à dose progressive et continue, nous n'avons jamais vu s'en suivre le plus léger indice de gastrite.

Quoique le reproche qu'on lui a encore adressé de produire des accidents gangréneux sur d'autres parties du corps ait été plus accrédité, en ce sens qu'il rappelait les épidémies d'ergotisme gangréneux, nous le regardons comme aussi peu fondé, ne pensant pas que les plus fortes doses auxquelles la thérapeutique conseille de recourir puissent jamais développer des accidents de cette nature. Ces doses sont, en effet, bien minimes comparativement à ces quantités énormes qu'en prenaient quotidiennement les individus dont le pain, qui leur servait d'aliment, en contenait quelquefois pour un cinquième, un quart, un tiers de son poid. Aussi, quand M. Reynaud, interne de l'Hôtel-Dieu de Paris, est venu mettre sous les yeux de l'académie, dans sa séance du 31 mars dernier, des pièces anatomiques et des planches relatives à un cas de gangrène sèche de la face et des fosses nasales, développée chez une nouvelle accouchée qui, ayant avalé l'insignifiante dose de 3 décigrammes d'ergot de seigle, avait succombé aux accidents gangréneux qu'il croyait produits par ce remède, nous n'avons pu nous empêcher de croire à une inexacte interprétation du fait : il nous a semblé plus rationnel de reconnaître une coïncidence totalement fortuite de la gangrène avec l'administration de l'ergot, celui-ci, à raison de sa minime quantité, n'ayant pu qu'être étranger à un pareil accident.

N'aura-t-on pas pris également le change par rapport à l'inflammation de la matrice et du péritoine qu'on lui a attribuée ? On sait que souvent, à la suite d'un accouchement un peu laborieux, la métro-péritonite n'est point rare, alors même que le seigle ergoté n'a point été prescrit. Quoi d'étonnant dès lors que cette maladie se déclare malgré l'administration de cette substance ? Aussi, vouloir dans ce cas lui attribuer la production de la métrite, nous paraît une erreur. On serait plus dans le vrai si on disait que, par sa vertu accélératrice de la parturition, ce médicament la prévient au contraire bien souvent.

Relativement à la déchirure du périnée dont on veut encore charger l'ergot, nous dirons qu'on la préviendra par les mêmes précautions qu'on emploirait dans le cas où l'ergot n'aurait pas été administré. Et s'il est réellement capable de produire par fois la rupture de l'utérus, ce n'est que dans l'état de squirre ou de cancer, ou de rigidité bien marquée de son col, cas dans lesquels il y a précisément contre-indication de son emploi.

On ne saurait plus croire maintenant que la mort de la femme et de l'enfant, soit jamais l'effet direct de l'ergot bien administré. Hâtant, au contraire, l'accouchement dans des circonstances difficiles, il produit réellement plutôt un effet contraire, en communiquant à la matrice une activité qui lui manque et qui pourtant lui est nécessaire.

Il est mieux démontré peut-être que l'ergot est réellement une substance abortive dans certains cas. Une pareille propriété semble découler même de sa vertu excitatrice de la contractilité fibrillaire de l'utérus. Mais il ne saurait être rien conclu de-là contre son emploi, attendu que, comme l'a soutenu dernièrement le docteur Chailly, à la Société de médecine de Paris, et comme le pense M. Villeneuve, il peut y avoir quelquefois indication d'accélérer l'avortement devenu inévitable. Quant ensuite à l'abus qui pourrait être fait de cette substance, on ne saurait s'en prévaloir contre son emploi thérapeutique. De ce qu'on abuse des meilleures choses, il serait absurde de conclure à leur proscription. Ajoutons, au reste, que, si bien des gens croient aux propriétés abortives de l'ergot de seigle, il en est d'autres qui pensent qu'il peut arrêter dans son principe un travail abortif, en favorisant et régularisant la vitalité utérine. C'est ce qui découlerait d'un travail sur le seigle ergoté dans la métrorrhagie, inséré l'an dernier dans le Bulletin médical du midi.

En résumé et pour en finir, nous établirons les quelques propositions suivantes qui découlent naturellement de nos recherches pratiques sur l'ergot de seigle :

1° Ce médicament, employé modérément ou à dose thérapeutique, doit être considéré comme un agent excitateur du système nerveux rachidien, c'est-à-dire, de la moelle épinière et des nerfs qui en émanent ;

2° Cette excitation est susceptible de se transmettre, par le moyen des nerfs qui ont leur origine dans le prolongement rachidien, ou par les plexus qui en émanent, aux organes auxquels ils vont porter l'innervation ;

3° C'est en vertu même de cette propriété démontrée par l'observation et l'expérience, que l'ergot de seigle est appliqué avantageusement, non-seulement contre l'inertie utérine, mais encore contre certaines paraplégies, certaines rétentions d'urine et même certains états asthéniques de l'intestin rectum ;

4° Ses effets sur la matrice consistent dans l'excitation, à l'aide des nerfs utérins qui la lui transmettent, de sa contractilité fibrillaire qui, pendant l'accouchement et même pendant le travail de l'avortement, c'est-à-dire, quand l'organe est disposé aux contractions expultrices, se produit avec rapidité et énergie, tandis qu'en d'autres phases de l'asthénie utérine, son action moins active, quoique de même nature, est utilisée pour arrêter la métrorrhagie, les flux leucorrhéiques, provoquer les menstrues, etc. ;

5° Son mode d'agir sur la vessie est de même nature : cet organe est-il dans des conditions physiologiques, la légère stimulation qu'il en éprouve se manifeste par des envies plus fréquentes d'uriner, qui ont été prises à tort pour un effet diurétique, tandis que, s'il y a ischurie par paralysie, le stimulus plus vivement ressenti redonne à la vessie sa contractilité première ;

6° Une action thérapeutique pareille, dans les cas de paraplégie, indique que l'ergot ne saurait s'appliquer contre ces maladies, comme au reste le démontre l'expérience, que lorsqu'elles sont symptomatiques d'un manque d'action fonctionnelle de la moelle épinière plutôt que de lésions organiques encore existantes. Ses effets se manifestent alors par de petites secousses, des tiraillements musculaires des membres inférieurs et autres indices de l'excitation qui leur est transmise ;

7° Exempt par lui-même, quand il est administré à dose modérée, de ces dangers dont la prévention a voulu le charger, vis-à-vis de la mère et de l'enfant, ainsi que de toutes qualités vénéneuses ; l'ergot de seigle convenablement prescrit constitue un des médicaments les plus utiles que la matière médicale puisse mettre à la disposition des praticiens ;

8° Si nous devons en juger par quelques essais comparatifs, le moyen le plus sûr et en même temps le plus simple de l'administrer, est de le donner en poudre récente, à la dose, en commençant, de 75 centigrammes ou d'un gramme, suspendu dans un peu d'eau seule ou d'eau rougie. Si cependant l'état pathologique que l'on veut combattre s'accompagnait d'une asthénie générale prononcée, on pourrait utilement le donner dans un liquide tonique ou astringent selon l'indication.

APPENDICE.

Je me suis contenté, dans ce travail, d'exprimer le mode d'agir de l'ergot de seigle sur l'économie, tel que je l'entrevoyais du point de vue thérapeutique, et tel que l'appréciation raisonnée des faits dont j'avais été témoin me l'avait fait concevoir ; et c'est à peine si je me suis donné garde quelquefois d'attaquer les interprétations des autres. Comme cependant une doctrine nouvelle, relativement à l'action dynamique ou constitutionnelle de l'ergot de seigle, règne dans certaines écoles d'Italie qui ne manquent pas de célébrité ; comme même, en France, ces idées sont parfois favorablement accueillies, j'ai pensé qu'il m'importerait, pour compléter ce travail, d'entrer dans quelques explications à ce sujet.

Si nous arrêtons un moment notre attention sur un long article que le docteur Giacomini, professeur de clinique médicale à l'université de Padoue, a consacré à l'ergot de seigle, dans son grand ouvrage de thérapeutique et de matière médicale qui a été récemment traduit dans notre langue, ouvrage qui résume les nouvelles idées théoriques des écoles italiennes sur les diverses parties de la matière médicale, nous trouvons que cette substance est considérée comme douée de propriétés débilitantes, et classée en cette qualité au rang des hyposthénisants vasculaires artériels. M. Giacomini est amené, ou croit être autorisé à tirer cette conclusion, par l'examen des effets que l'ergot de seigle produit : 1° sur les animaux; 2° sur l'homme sain, 3° dans les maladies. Ainsi, 1° quant aux effets de cette substance sur les animaux, il rappelle les expériences qui ont été faites dans le temps par Texier, qui, désireux de s'assurer de son action réelle, sacrifia un grand nombre d'animaux, et reconnut, par ce moyen, que le seigle ergoté détermine de la lenteur dans les mouvements de la circulation du sang; qu'il provoque des convulsions cloniques dans tous les membres; qu'il produit d'abord une faiblesse ou atonie générale, et plus tard une mort partielle des parties les plus éloignées du cœur, laquelle se manifeste par des taches noirâtres à la peau et par le sphacèle des orteils, tous effets dénotant, dit-il, une hyposthénie remarquable. 2° Quant à ses effets sur l'homme sain, il fixe l'attention sur l'ensemble des phénomènes que l'on remarquait dans les épidémies d'ergotisme, et qui, tels que l'assoupissement, la pesanteur de tête, le fourmillement des membres, leurs contractions spasmodiques, la faiblesse du pouls, la pâleur, l'insensibilité des extrémités, leur sphacèle enfin (ergotisme gangréneux), indiqueraient une influence bien évidemment hyposthénisante. 3° Quant enfin aux effets de l'ergot de seigle dans les maladies, M. Giacomini et son école ne sont pas plus embarrassés pour établir encore leur nature hyposthénisante. Ils reconnaissent bien, à la vérité, comme nous, que l'ergot de seigle jouit de la propriété d'activer le travail de la parturition, de favoriser l'expulsion du délivre, des caillots sanguins, des faux germes, etc. ; mais, savez-vous comment ils expliquent cette action que nous, en France, nous appellerions excitante ? C'est que pour eux, la suspension du travail parturatif n'est point due à l'atonie de l'utérus, mais plutôt à un état d'éréthisme ou de pléthore de cet organe ; que les métrorrhagies sont aussi l'effet d'une cause pareille ou bien d'une hypersthénie ; de manière que, dans ces cas, au lieu d'agir comme excitant de la contractilité fibrillaire de l'utérus, l'ergot de seigle ne serait en réalité qu'un sédatif, qu'un hyposthénisant enfin. Lisez plutôt ce que dit M. Giacomini lui-même, dont je cite un passage traduit : « Lorsque le travail de l'enfantement commence et qu'il s'arrête ou se ralentit, « ou que l'expulsion du placenta tarde trop à s'effectuer, les accoucheurs et les sages-femmes ont coutume d'en accuser l'inertie de la matrice. Cette idée les « conduit à celle d'une atonie, comme si ces deux mots « étaient synonymes ; tous répètent le mot faiblesse, « atonie ; aucun n'en doute ; personne n'examine le fait, « et l'erreur devient pour tous une vérité, un axiome. « Pourtant il ne fallait pas un grand effort de logique « pour se détromper. Pour ne pas abuser de la valeur « des mots, je ne dirai pas que la gestation est une « phlogose physiologique de la matrice ; mais, qui « oserait contester raisonnablement que, pendant la « gestation, la matrice soit maîtrisée par une énergie « vitale qui s'approche d'une condition hypersthénique ? « Le sang toujours couenneux des femmes grosses, « leur prédisposition aux phlogoses générales ou pertielles en sont la preuve. Nous ne pouvons donc pas « concevoir, ajoute l'auteur, que la matrice puisse « passer en un instant, et pour ainsi dire spontanément à un état de faiblesse, d'atonie, et au moment même où elle se trouve dans sa plus grande « activité. »

Eh bien ! toutes ces raisons du professeur italien, dont nous n'avions point connaissance lorsque nous avons rédigé ce mémoire, n'ont pu amener le moindre changement dans les idées que nous nous sommes faites sur l'action de l'ergot de seigle. Elles n'ont point à nos yeux la valeur qu'il veut bien leur faire exprimer. Et d'abord, quant à l'appréciation des effets de cette substance sur l'utérus, nous dirons que nous ne croyons pas, et ne pouvons pas croire, que l'ergot agisse dans ces cas, sur cet organe, en qualité d'agent hyposthénisant. Donnez, en effet, le seigle ergoté dans le travail parturatif en activité, l'activité utérine ne sera que plus forte ; la femme sentira en quelque sorte elle-même les fibres utérines se contracter sous son influence. Mais que la matrice, après s'être contractée pendant longtemps, en obéissant à la force active qui est inhérente en elle, n'ait pu néanmoins parvenir à expulser le fœtus et à vaincre toutes les résistances qui fesaient obstacle, il arrivera un moment où elle sera fatiguée, épuisée, comme un muscle qui a été trop longtemps en activité et qui tombe dans le relâchement. Et, c'est là ce que l'école italienne voudrait appeler hypersthénie ! Et le remède qui provoque le réveil de cette contractilité assoupie, de cette anémie de l'utérus consécutive d'un excès ou trop grande continuité d'efforts, agirait en hyposthénisant !.,... Oh ! nous ne saurions vraiment admettre une pareille manière de concevoir l'action dynamique d'une substance.

M. Giacomini ignorait l'action, incontestable pour nous comme sans doute pour bien d'autres praticiens, de l'ergot de seigle dans les cas de paralysie des extrémités inférieures, de paralysie de la vessie et du rectum ; or, cette action ne peut, comme nous pensons l'avoir démontré, s'expliquer que par une excitation directe et primitive sur le système nerveux spinal, à moins que M. Giacomini et son école ne voulussent voir encore de l'hypersthénie dans les phénomènes évidemment paralytiques qui quelquefois persistent encore, lorsque l'état actif phlogistique qui avait pu les produire a cessé d'exister. Mais le seigle ergoté agissant réellement comme excitateur, dans ces cas, des organes paralysés, il devient naturel et rationnel d'admettre un pareil mode d'agir sur l'utérus.

Qu'ensuite, lorsque l'ergot de seigle a été pris ou donné à très-haute dose et avec une certaine continuité, comme quand il constituait une partie notable de l'alimentation des individus, dans les épidémies d'ergotisme ou dans les expériences qui ont été faites sur les animaux par Texier et autres, on ait réellement remarqué des effets hyposthénisants, c'est ce que nous ne saurions et ne voudrions contester. Nous dirons plus : il nous paraît qu'il devait en être ainsi relativement à une substance qui, par ses propriétés vénéneuses, s'attaque directement au principe vital qui régit l'économie. Mais, quoique même nous fussions en droit peut-être, à la rigueur, de récuser les arguments tirés de cette substance donnée à très-haute dose, et que l'on conçoive très-bien que son mode d'action puisse, dans ce dernier cas, être différent de ce qu'il serait par l'administration d'une plus faible quantité, il sera vrai de dire pourtant qu'à travers même cette hyposthénie, si elle existe réellement, on remarque encore les traits incontestables de cette excitation nerveuse sur le système nerveux rachidien, savoir : ces crampes, ces mouvements spasmodiques, ces convulsions cloniques qui s'opèrent dans les membres, surtout dans les membres inférieurs. Et dans le cas même où l'on viendrait à reconnaître que l'ergot de seigle pris à dose modérée serait encore un hyposthénisant du système vasculaire artériel, comme le pense l'école italienne, l'admission de cette action hyposthénisante ne saurait porter aucune atteinte à la théorie de l'action excitatrice de cette substance sur le système nerveux rachidien, ni contrarier les applications pratiques que nous en avons vu découler. Tout ce qui pourrait en être déduit, c'est que lorsqu'à l'état asthénique local, soit des membres inférieurs, soit de la vessie, mais surtout de l'utérus, viendrait s'adjoindre une hyposthénie générale, il faudrait associer l'ergot aux toniques, aux stimulants, en en mettant la poudre, par exemple, dans une potion fortifiante, comme au reste, les médecins Français sont dans l'habitude de le pratiquer.

Telles sont les principales notions qui nous paraissent se rapporter à l'étude pratique de cette précieuse substance, qui est destinée à prêter à l'art de guérir, par l'extension des applications thérapeutiques qui découlent de la connaissance de son véritable mode d'action, un appui plus utile encore que par le passé. C'est, au reste, parce qu'il nons a paru que tout n'avait pas été dit au sujet de l'ergot de seigle, ou plutôt qu'une nouvelle étude devait en être faite, que nous avons nous-mêmes entrepris cette tâche. Peut-être que le public médical, que nous avons cru servir par ce travail, voudra nous tenir compte au moins du but d'utilité qui nous a dirigé, et qui nous a porté à dérober des moments à nos loisirs, pour procéder à la composition de cet opuscule pratique que nous venons lui soumettre.

FIN.

www.ingramcontent.com/pod-product-compliance
Ingram Content Group UK Ltd.
Pitfield, Milton Keynes, MK11 3LW, UK
UKHW020113240726
13926UKWH00011B/1213

9 782014 052220